HEIL-PFLANZEN
kennen, sammeln, anwenden

HEIL-PFLANZEN
kennen, sammeln, anwenden

Text: František Starý und Václav Jirásek

Illustrationen: František Severa

GONDROM

Sonderausgabe für Gondrom Verlag GmbH & Co. KG. Bindlach 1995
© 1990 Aventinum nakladatelství s. r. o., Praha
Text: Dr. František Starý und Dr. Václav Jirásek
Illustrationen: František Severa
Ins Deutsche übertragen von Lucian Wichs
Graphische Gestaltung: Soňa Valoušková
Umschlaggestaltung: Gondrom Verlag

3/10/10/52-10
Printed in the Czech Republic
ISBN 3-8112-1289-3

INHALT

Die Bedeutung der Heilpflanzen	7
Unersetzliche Arzneimittel aus dem	
Pflanzenreich	9
Auszüge und Tinkturen	10
Teemischungen	11
Heilpflanzen in der Lebensmittelindustrie	12
Chemische Zusammensetzung und Heilwirkung	12
Wichtige pflanzliche Wirkstoffe	14
Alkaloide	15
Glykoside	16
Saponine	18
Ätherische Öle	19
Bitterstoffe	21
Gerbstoffe	22
Schleime	23
Weitere Wirkstoffe	24
Die Heilpflanzenkultur	23
Geschützte und gefährdete Arten	26
Das Klima	26
Boden und Nährstoffansprüche	27
Bildtafeln	29-157
I. Bäume und Sträucher mit heilkräftigen	
Bestandteilen	30
II. Heilpflanzen	44
III. Giftpflanzen	134

Allgemeine Grundsätze der Drogengewinnung 159

Das Sammeln 160

Das Trocknen 163

Die Zubereitung von Heilmitteln aus Pflanzen 167

Die Zubereitung heilkräftiger Tees 170

Übersicht der Heilpflanzen und ihrer Anwendung 172

Fachworterklärungen 183

Register der deutschen Pflanzennamen 189

Register der lateinischen Pflanzennamen 190

DIE BEDEUTUNG DER HEILPFLANZEN

Die Heilpflanzen bilden eine zahlenmäßig große Gruppe unter den Nutzgewächsen. Zu ihnen gehören wildwachsende Arten, aber auch aus ihnen gezüchtete Kulturvarietäten, die wegen ihrer Wirkstoffe arzneilich verwendet werden. Aus zahlreichen dieser Pflanzen gewinnt man außerdem ätherische Öle für die Parfüm- und Lebensmittelindustrie. Andere liefern Holz, Gerbstoffe für die Lederindustrie, Spinnfasern für die Textilindustrie oder Farbstoffe, die allerdings mit den heutigen synthetischen Farbstoffen nicht konkurrieren können und praktisch ihre Bedeutung eingebüßt haben. Zu den Heilpflanzen zählen auch einige Arten, die in erster Linie Kautschuk, Öl oder Futtermittel liefern oder im Gemüse- und Obstbau bzw. in der Park- und Gartengestaltung als Zierpflanzen Verwendung finden.

Unter den Heilpflanzen gibt es sowohl sogenannte *Einzweckarten,* die ausschließlich der Drogengewinnung dienen, als auch sogenannte *Mehrzweckarten,* die auch noch in anderer Weise genutzt werden. Zu dieser Gruppe gehören die meisten Heilpflanzen. Zu den Heilpflanzen, die nur einem Verwendungszweck dienen, gehören z.B. von den giftigen Arten das Schwarze Bilsenkraut *(Hyoscyamus niger* L.*),* der Weiße Germer *(Veratrum album* L.*),* der Weiße Stechapfel *(Datura stramonium* L. *),* der Wollige Fingerhut *(Digitalis lanata* Ehrh.*)* und das Mutterkorn *(Claviceps purpurea* /Fr./ Tul.*).* Von den nicht giftigen Arten zählt dazu die Dornige Hauhechel *(Ononis spinosa* L.*),* der Spitzwegerich *(Plantago lanceolata* L.*),* das Echte Lungenkraut *(Pulmonaria officinalis* L.*),* die Echte Bärentraube *(Arctostaphylos uva-ursi* /L./ Spreng.*)* und der Odermennig *(Agrimonia eupatoria* L.*).*

Beispiele für Pflanzen, die eine breitere Verwendung

finden, deren Hauptnutzung jedoch in der Drogengewinnung liegt: der Schwarze Holunder *(Sambucus nigra L.)*, der auch zur Herstellung von erfrischenden nichtalkoholischen Getränken und Hausweinen benutzt wird; das in der Likörindustrie beliebte Echte Benediktenkraut *(Cnicus benedictus L.)*; die Echte Kamille *(Matricaria chamomilla L.)*, die auch ätherisches Öl für kosmetische Präparate und Badezusätze liefert; das Frühlings-Adonisröschen *(Adonis vernalis L.)*, das auch in Zier- und Steingärten angepflanzt wird und der Echte Alant *(Inula helenium L.)*, aus dem in geringem Maße ätherisches Öl für die Parfümherstellung gewonnen wird.

Daneben gibt es eine Reihe von Heilpflanzen, deren Anwendung zwar in der Medizin beschränkt ist, die dafür aber als Küchengewürz Bedeutung haben. Zu ihnen gehören die Küchenzwiebel *(Allium cepa L.)*, der Knoblauch *(Allium sativum L.)*, der Schnittlauch *(Allium schoenoprasum L.)*, der Meerrettich *(Armoracia rusticana Gaertn., Mey. et Scherb.)*, die Paprika *(Capsicum annuum L.)*, der Gemeine Pastinak *(Pastinaca sativa L.)* und die Gartenpetersilie *(Petroselinum crispum /P. Mill./ Nym.)*, der Gemeine Anis *(Anisum vulgare Gaertn.)*, der Gartenkoriander *(Coriandrum sativum L.)*, der Gartendill *(Anethum graveolens L.)* und der Echte Thymian *(Thymus vulgaris L.)*.

Einige landwirtschaftliche Kulturpflanzen haben außerdem Heilwirkung, z.B. der Schlafmohn *(Papaver somniferum L.)*, der Saatlein *(Linum usitatissimum L.)*, der Gemeine Hopfen *(Humulus lupulus L.)* und der Schwarze Senf *(Brassica nigra /L./ Koch)*. Obwohl die Drogengewinnung bei diesen Pflanzen nur eine Nebennutzung darstellt, spielen sie in der Medizin trotzdem eine wichtige Rolle. Als Beispiel dafür wird der Schlafmohn *(Papaver somniferum L.)* erwähnt, der meistens wegen seiner Samen angebaut wird. Aus ihnen gewinnt man Öl oder verwendet sie sogar als Nahrungsmittel. Nur aus einem unbedeutenden Teil des angebauten Schlafmohns gewinnt man Opiumalkaloide. Ohne Opiumalkaloide wäre jedoch die moderne Medi zin heute kaum vorstellbar, denn es würden die wirksamsten schmerzstillenden und krampflösenden Mittel fehlen.

Noch in der ersten Hälfte des 19. Jahrhunderts benutzten die Apotheker getrocknete Heilpflanzen (Drogen) für verschiedene Kräutertees. Außerdem bereiteten sie aus ihnen auch allerlei Tinkturen, Auszüge und Säfte, die sie zu Tropfen, Sirupen, Aufgüssen, Salben und Einreibungen weiterverarbeiteten.

In der zweiten Hälfte des 19. Jahrhunderts kam es zu einem ungeahnten Aufschwung der Chemie. Besonders interessiert waren die damaligen Chemiker an Heilpflanzen, aus denen Reinstoffe oder, besser gesagt, Substanzgruppen isoliert wurden, die vielfach die Drogen ersetzten. Gleichzeitig oder bald darauf kamen auch die ersten synthetischen Heilmittel auf den Markt und drängten die bisher benutzten Drogen allmählich in den Hintergrund. Diese Entwicklung dauert im wesentlichen bis zum heutigen Tage an. Obwohl vor etwa einem Jahrhundert die Anwendung pflanzlicher Heilmittel zurückging, wendet man sich ihnen heute wieder stärker zu, allerdings ausgerüstet mit weitaus größeren Kenntnissen über ihre Eigenschaften und ihre Wirkung auf den lebenden Organismus. Eingehend studiert und erforscht werden außer den seit langem bekannten Heilpflanzen auch die mit ihnen verwandten Arten, von denen man annehmen kann, daß sie ähnliche Wirkstoffe enthalten. Außerdem werden auch die Inhaltsstoffe solcher Pflanzen untersucht, die bisher keine medizinische Verwendung fanden, und schließlich wird die chemische Zusammensetzung bekannter pflanzlicher Wirkstoffe modifiziert, um ihre Heilkraft zu erhöhen.

Unersetzliche Arzneimittel aus dem Pflanzenreich

Als Beispiele für Arzneistoffe aus dem Pflanzenreich, die durch synthetische Heilmittel nicht ersetzt werden können und welche die moderne Medizin kaum entbehren könnte, gelten die herzwirksamen Glykoside, die aus dem Wolligen Fingerhut *(Digitalis lanata* Ehrh.*)*, dem Roten Fingerhut *(Digitalis purpurea* L.*)*, dem Frühlings-Adonisröschen *(Adonis vernalis* L.*)* und dem Maiglöckchen *(Convallaria majalis* L.*)* gewonnen werden. Hierher gehören ferner die Mutterkorn-Alkaloide, die aus dem Purpurroten Hahnenpilz *(Claviceps purpurea* /Fr./ Tul.*)* isoliert werden und einzeln oder gemischt mit anderen Wirkstoffen in der Geburtshilfe, bei inneren Krankheiten und Nervenerkrankungen vielseitige Verwendung finden sowie die Opiumalkaloide, insbesondere das Morphin, das in zahlreichen schmerzstillenden, krampflösenden und Hustenmitteln enthalten ist.

Im Pflanzenreich kommen zahllose z. T. noch unbekannte Pflanzen mit heilkräftigen Inhaltsstoffen vor. Aus diesem Grunde werden wissenschaftliche Expeditionen veranstaltet, die weniger bekannte Pflanzen sammeln und ihre Heilwirkung erforschen. Auf diese Weise wurden das *Reserpin,* ein blutdrucksenkendes Alkaloid, in den Arten der Gattung *Rauwolfia* L. und die ebenfalls blutdrucksenkenden Alkaloide des Kleinen Immergrüns *(Vinca minor* L.*)* sowie die krebshemmend wirkenden Alkaloide der Gattung *Catharanthus* G. Don entdeckt.

Aber auch in den seit altersher bekannten Heilpflanzen wurden neue, spezifische Wirkstoffe gefunden, z. B. im ätherischen Öl der echten Kamille *(Matricaria chamomilla* L.*)* die entzündungshemmenden Wirkstoffe Chamazulen und Bisabolol und in einigen Arten der Selleriegewächse *(Apiaceae* /*Umbelliferae*/*)* zahlreiche zur Gruppe der *Furokumarine* gehörende Substanzen. Von diesen Wirkstoffen erhofft man sich gute Erfolge bei der Behandlung innerer Krankheiten.

Auszüge und Tinkturen

Aus Heilpflanzen, bzw. aus den getrockneten Pflanzenteilen, werden in einigen Fällen wäßrige oder alkoholische Auszüge, Fluidextrakte und Tinkturen zubereitet. Manchmal preßt man aus frischen Heilpflanzen den Saft *(succus)* aus und dickt ihn ein. Die sogenannten *galenischen Mittel* (nach dem griechischen Arzt Claudius Galenos, der im 2. Jahrhundert in Sizilien lebte und wirkte), die in Apotheken aus den Drogen hergestellt werden, spielen heute eine geringere Rolle. Trotzdem muß vermerkt werden, daß es noch immer Drogen gibt, aus denen die einzelnen Reinstoffe nicht isoliert werden können oder bei denen nur die Gesamtheit ihrer Inhaltsstoffe die gewünschten Heilerfolge bringt. So sind z. B. aus Baldrianwurzeln bereitete Tinkturen oder Auszüge ganz hervorragende Heilmittel bei Nervenleiden und Erregungszuständen. Alkoholische Auszüge aus einem Gemisch von Blättern des Fieberklees *(Menyanthes trifoliata* L.*)*, Echtem Tausendgüldenkraut *(Centaurium minus* Moench*)*, Fruchthüllen des Orangenbaums *(Citrus aurantium* L.*)* und Wurzeln des Gelben Enzians *(Gentiana lutea* L.*)* unter Beigabe von Zimtöl liefern ein bekanntes und bewährtes Bittermittel *(Tinctura amara)* gegen Magenbeschwerden. Zur Herstellung von Pillen werden ebenfalls verschiedenartige Drogenauszüge benutzt.

Teemischungen

Drogen bilden die grundlegenden Bestandteile verschiedener Teemischungen, die entweder in Form von Abkochungen *(decoctum)* oder Aufgüssen *(infusum)* gebraucht werden. Die Zusammensetzung der Teemischungen ist unterschiedlich je nach der Krankheit, für die sie bestimmt sind. Kräutertees sind in erster Linie Unterstützungsmittel bei der Behandlung verschiedener Krankheiten, d. h. sie fördern durch ihren milden physiologischen Einfluß die Wirkung des Hauptmedikaments. In einigen Fällen, vor allem bei chronischen Erkrankungen, erzielt man mit ihnen oft bessere Erfolge als mit medikamentösen Stoßbehandlungen.
Besonders häufig werden für Teemischungen folgende

Heilpflanzen verwendet: Der Schwarze Holunder *(Sambucus nigra* L.), die Hängebirke *(Betula verrucosa* Ehrh.), das Benediktenkraut *(Cnicus benedictus* L.), die Großblumige Königskerze *(Verbascum thapsiforme* Schrad.), die Echte Kamille *(Matricaria chamomilla* L.), der Zweigrifflige Weißdorn *(Crataegus oxyacantha* L.), der Gemeine Wacholder *(Juniperus communis* L.), die Dornige Hauhechel *(Ononis spinosa* L.), der Spitzwegerich *(Plantago lanceolata* L.), die Winterlinde *(Tilia cordata* P. Mill.), die Pfefferminze *(Mentha* × *piperita* L.), die Echte Bärentraube *(Arctostaphylos uva-ursi* /L./ Spreng.), verschiedene Beifußarten *(Artemisia* sp.), der Echte Eibisch *(Althaea officinalis* L.), das Kahle Bruchkraut *(Herniaria glabra* L.), der Rundblättrige Sonnentau *(Drosera rotundifolia* L.), der Odermennig *(Agrimonia eupatoria* L.), die Echte Salbei *(Salvia officinalis* L.), das Tüpfel-Johanniskraut *(Hypericum perforatum* L.) und das Echte Tausendgüldenkraut *(Centaurium minus* Moench).

Heilpflanzen in der Lebensmittelindustrie

Neuerdings finden Heilpflanzen auch immer mehr Verwendung in der Lebensmittelindustrie, vor allem bei der Herstellung von Diätnahrungsmitteln. Das gilt besonders für Arten, die aromatische Substanzen, Vitamine, verdauungsfördernde oder andere Körperfunktionen anregende Stoffe (Aminosäuren oder Enzyme) enthalten.

Chemische Zusammensetzung und Heilwirkung

Die Arzneipflanzen und die Erforschung ihrer chemischen Zusammensetzung und Heilwirkung sind eine wichtige Voraussetzung für die synthetische Herstellung verschiedener Substanzen. So gewinnt man z. B. aus dem Ergotamin, einem Alkaloid des Mutterkorns *(Claviceps purpurea* /Fr./ Tull.), auf chemischem Wege das Dihydroergotamin, mit dem gute Heilerfolge bei Migräne erzielt wurden. Einige Arten der Familie der Nachtschattengewächse *(Solanaceae)* und der Yamswurzelgewächse *(Dioscoreaceae)* enthalten Glykoalkaloide, die als Ausgangsstoff zur Herstellung von Steroidhormonen dienen, die früher ausschließlich aus tierischen Organen oder Produkten isoliert werden mußten.

Heilpflanzen sind schließlich auch eine interessante Handelsware. Der feldmäßige Anbau von Heilpflanzen für die pharmazeutische Industrie führte zu einer Steigerung ihrer Produktion.

In einigen Ländern sind Heilpflanzen heute ein wichtiger Handelsartikel. Von den in diesem Buch beschriebenen Heilpflanzen werden das Mutterkorn *(Claviceps purpurea /Fr./ Tul.)*, der Wollige Fingerhut *(Digitalis lanata* Ehr.), die Echte Kamille *(Matricaria chamomilla L.)*, die Pfefferminze *(Mentha × piperita L.)*, der Schlafmohn *(Papaver somniferum L.)*, der Palmblättrige Rhabarber *(Rheum palmatum L.)* und die Schwarze Tollkirsche *(Atropa bella-donna L.)* in großen Mengen feldmäßig kultiviert.

Die wenigen Bemerkungen machen deutlich, daß die Heilpflanzen als Drogen und Rohmaterial zur Gewinnung von Wirkstoffen für die Medizin unentbehrlich sind und wohl auch bleiben werden. Je weiter die Wissenschaft (Medizin, Biologie und Chemie) in der Erkenntnis fortschreitet, um so mehr bedient sie sich gerade der Heilpflanzen.

WICHTIGE PFLANZLICHE WIRKSTOFFE

Die Arzneipflanzen verdanken ihre Heilkraft einigen chemisch charakterisierbaren Wirkstoffgruppen oder Einzelstoffen, die durch den Stoffwechsel (Metabolismus) in der Pflanze produziert werden. Man kann die pflanzlichen Wirkstoffe in zwei Gruppen einteilen; in solche mit ausgeprägten physiologischen Auswirkungen auf den menschlichen und tierischen Organismus und solche, deren Wirkung nicht so stark ist, die aber dennoch heilkräftig sind. Die erste Gruppe zählt man zu den giftigen und die zweite zu den ungiftigen Stoffen. Eine genaue Trennung zwischen giftigen und ungiftigen Pflanzen gibt es aber nicht. Auch einige ungiftige Pflanzen können bei übermäßigem Genuß oder bei langanhaltender Einnahme verschiedene Organe von Menschen und Tieren schädigen.

Mit Sicherheit können nur jene Pflanzen als giftig bezeichnet werden, die in jedem Falle schon bei dem Genuß geringer Mengen Vergiftungen hervorrufen.

Die Giftpflanzen sind am Schluß des Buches zu einer besonderen Gruppe zusammengefaßt und beschrieben.

Dabei wird auf ihre Giftigkeit verwiesen und der Leser darauf aufmerksam gemacht, daß Kinder beim Sammeln nicht beschäftigt werden dürfen. Auch Erwachsene müssen vorsichtig sein und die notwendigen Schutzmaßnahmen treffen, z. B. sich nach dem Sammeln gründlich die Hände waschen.

In der Hand des Laien können auch zahlreiche als ungiftig angesehene Heilpflanzen giftig sein, wenn sie ohne Befragen des Arztes verwendet werden. In der Hand des Arztes dagegen können selbst äußerst giftige Stoffe als Heilmittel gebraucht werden und Kranken die Gesundheit wiederbringen.

Alkaloide

Alkaloide sind stickstoffhaltige Stoffwechselprodukte einiger grüner Pflanzen. Zu den Alkaloiden gehören zahlreiche pflanzliche Gifte. Die meisten Alkaloide sind feste, kristallisierte, farb- und geruchlose Stoffe, die sich bei höheren Temperaturen verflüchtigen. Selten ist in einer Pflanze nur ein Alkaloid enthalten; meistens findet man einen Komplex einander nahestehender Substanzen.

Die Alkaloide gehören zu den wirksamsten und wichtigsten pflanzlichen Heilstoffen, und ihre pharmakologischen Eigenschaften sind verhältnismäßig gut erforscht. In der Regel kommen sie in allen Pflanzenteilen vor. Der Alkaloidgehalt der Pflanzen schwankt. Am größten ist er wahrscheinlich unmittelbar vor der Blüte oder zu Beginn der Blütezeit. Eine befriedigende Antwort auf die Frage, welche Rolle die Alkaloide im Stoffwechselprozeß der Pflanzen spielen, konnte die Wissenschaft bisher noch nicht geben. Vielleicht handelt es sich um Abfallprodukte, sogenannte Schlacken.

Bekannt sind heute einige Hundert Alkaloide. Als erstes Alkaloid wurde im Jahre 1803 von Friedrich Wilhelm Adam Sertürner (1783—1841), der damals Apothekerpraktikant in Paderborn war, das Morphin aus dem Opium isoliert. Später gelang die Isolierung weiterer Pflanzenalkaloide: Strychnin (1818), Chinin (1820), Coniin (1827), Nikotin (1828), Atropin, Hyoscyamin und Colchicin (1833).

Dieses Buch enthält die Abbildungen und Beschreibungen zahlreicher alkaloidhaltiger Heilpflanzen, die teils in Europa heimisch sind oder wie der Gemeine Stechapfel *(Datura stramonium L.)* im Mittelalter eingeschleppt wurden und sich eingebürgert haben. Typische Alkaloidpflanzen sind das Schwarze Bilsenkraut *(Hyoscyamus niger L.)*, der Gemeine Stechapfel *(Datura stramonium L.)* und die Schwarze Tollkirsche *(Atropa bella-donna L.)*. Sie enthalten Tropanalkaloide, vor allem Atropin, Hyoscyamin und Scopolamin, die bei inneren Krankheiten und in der Augenheilkunde Verwendung finden. Die Tropanalkaloide wirken auf die glatte Muskulatur und haben krampflösende Eigenschaften. Eine andere typische Alkaloidpflanze ist der Schlafmohn *(Papaver somniferum L.)*, der außer Morphin, Narkotin, Papaverin, Kodein, Thebain und Narcein noch etwa zwanzig therapeutisch weniger interessante Alkaloide enthält. Die aus dem Mohn gewonnenen Alkaloide wirken schmerzstillend selbst in Fällen, in denen andere schmerzlindernde Mittel versagen. Sie besitzen außerdem stark hustenstillende und krampflösende Eigenschaften. Auch die Mutterkorn-Alkaloide *(Claviceps purpurea /Fr./ Tul.)* finden vielseitige Verwendung bei der Behandlung von Frauen-, Nerven- und Geisteskrankheiten. Von den anderen medizinisch wichtigen Alkaloidpflanzen sollen noch der Weiße Germer *(Veratrum album L.)*, die Herbstzeitlose *(Colchicum autumnale L.)*, der Blaue Eisenhut *(Aconitum napellus L.)*, und das Große Schöllkraut *(Chelidonium majus L.)* erwähnt werden.

Glykoside

Glykoside sind natürliche organische Substanzen, meistens pflanzlicher Herkunft. Für ihre chemische Zusammensetzung ist eine Zuckerkomponente charakteristisch, die an eine Nichtzuckerkomponente gebunden ist. Unter dem Einfluß von Wasser und Fermenten (biologisch aktive Stoffe) spalten sich die Glykoside in die beiden erwähnten Komponenten. Glykoside sind Stoffe von hoher physiologischer Wirksamkeit auf den tierischen und menschlichen Organismus und daher manchmal stark giftig. Sie sind das Produkt eines speziellen, in einigen Pflanzen sich vollziehenden Stoffwechselprozesses. Der Glykosidgehalt der einzelnen Pflanzenteile ist unterschiedlich und hängt auch von dem Alter der Pflanze ab. In der Medizin am wichtigsten sind die herzwirksamen Glykoside, die zur Kräftigung der Herzmuskulatur beitragen und wegen ihres Vorkommens in einigen Fingerhutarten *(Digitalis)* auch Digitalis-Glykoside genannt werden.

Herzstärkende Glykoside findet man z. B. im Wolligen Fingerhut *(Digitalis lanata* Ehrh.*)*, im Roten Fingerhut *(Digitalis purpurea* L.*)* und in anderen Fingerhutarten, aber auch im Frühlings-Adonisröschen *(Adonis vernalis* L.*)* und im Maiglöckchen *(Convallaria majalis* L.*)*. Obwohl der Fingerhut schon in der altirischen Volksmedizin bekannt war, „entdeckte" ihn für die Kardiologie erst der Birminghamer Arzt William Withering im Jahre 1785. Zu Heilzwecken wurde zunächst nur der in England und Westeuropa heimische Rote Fingerhut verwendet. Erst in den dreißiger Jahren unseres Jahrhunderts wurde der Rote Fingerhut fast vollkommen von dem ertragreicheren, aus den Balkanländern stammenden Wolligen Fingerhut verdrängt.

Die herzstärkenden Glykoside gehören zu den unersetzlichen pflanzlichen Arzneistoffen bei der Behandlung von Herzkranken.

Digitalis-Glykoside sind von hoher physiologischer Wirksamkeit und bereits in kleinen Mengen für den Menschen stark giftig.

Eine weitere medizinisch wichtige Glykosidengruppe bilden die Anthrachinonglykoside, auch Anthraglykoside genannt. Sie kommen in einigen Arten der Familien der Kreuzdorngewächse *(Rhamnaceae)*, der Knöterichgewächse *(Polygonaceae)* und der Rötegewächse *(Rubiaceae)* vor und werden als Abführmittel und bei Erkrankungen des Verdauungstrakts angewendet.

Größere Gaben rufen Vergiftungserscheinungen hervor.

Der Palmblättrige Rhabarber *(Rheum palmatum* L.*)* enthält ebenfalls Anthrachinonglykoside.

Eine Heilwirkung haben auch die Senfölglykoside, die vor allem in einigen Arten der Familien der Kreuzblütengewächse *(Brassicaceae)*, der Kapuzinerkressengewächse *(Tropaeolaceae)* und der Resedengewächse *(Resedaceae)* enthalten sind. Sie wirken hautreizend, desinfizierend und führen zu einer besseren Durchblutung der Haut.

**Bei der Anwendung ist jedoch Vorsicht geboten, da bei
längerer Einwirkung schwere Hautschädigungen ein-
treten können.**

Das Senfölglykosid Sinigrin kommt z. B. im Schwarzen
Senf *(Brassica nigra /L./ Koch)* und Glucotropaeolin
in der Großen Kapuzinerkresse *(Tropaeolum majus L.)*
vor.
Eine weitere Gruppe bilden die leicht giftigen Phenolglykoside. Diese desinfizierend, entzündungshemmend und
harntreibend wirkenden Stoffe kommen in zahlreichen
Arten der Familie der Heidekrautgewächse *(Ericaceae)*
vor. Von den in diesem Buch abgebildeten Pflanzen enthalten z. B. die Echte Bärentraube *(Arctostaphylos uva-
ursi /L./ Spreng.)* die Phenolglykoside Arbutin und Metyl-
arbutin, und die Frühlingsschlüsselblume *(Primula veris L.
em. W.. Huds.)* die wirksamen Phenolglykoside Primulaverin und Primaverin.

Saponine

Saponine sind pflanzliche Stoffe von ähnlicher chemischer
Zusammensetzung wie die Glykoside. Sie haben die
Eigenschaft, wie Seife im Wasser zu schäumen. Kommen
Saponine mit Blut in Berührung, verursachen sie schon in
kleinen Mengen Hämolyse, d. h. die Zerstörung roter Blut-
körperchen.
Einige Saponine sind deshalb starke Blutgifte.

Alle Saponine wirken schleimhautreizend und einige
sind giftig, z. B. die Saponine der Vierblättrigen Einbeere
(Paris quadrifolia L.) und der Kornrade *(Agrostemma gi-
thago L.)*. In der Medizin werden Saponine als schleimlösende Mittel bei Katarrhen der oberen Atemwege verordnet. Häufig kommen sie gemeinsam mit verschiedenen
Glykosiden vor. Der Wollige Fingerhut *(Digitalis lanata
Ehrh.)* enthält außer herzstärkenden Glykosiden das Saponin Tigonin und der Rote Fingerhut *(Digitalis purpurea L.)*

die Saponine Digitonin und Gitonin. Saponine wurden in den meisten Primelarten (Gattung *Primula* L.) und in zahlreichen Arten der Familie der Leimkrautgewächse *(Silenaceae)* gefunden. Die Früchte der Roßkastanie *(Aesculus hippocastanum L.)* enthalten das Saponin Aescin.

Ätherische Öle

Ätherische Öle sind flüssige, organische, meistens pflanzliche Stoffe von mehr oder weniger angenehm aromatischem Geruch. Sie verflüchtigen sich schon bei gewöhnlicher Temperatur. Ihren Hauptbestandteil bilden am häufigsten Terpene oder Terpenverbindungen. In den Pflanzen befindet sich das ätherische Öl meistens in besonderen Ölzellen, wo es als Abfallprodukt des Stoffwechselprozesses abgelagert wird. Diese Ölzellen sind für einige an ätherischen Ölen reiche Pflanzen charakteristisch, z. B. für die Arten der Familien der Kiefergewächse *(Pinaceae)*, Lippenblütengewächse *(Lamiaceae /Labiatae/)*, Myrtengewächse *(Myrtaceae)*, Rautengewächse *(Rutaceae)* und Doldengewächse *(Apiaceae /Umbelliferae/)*.

Die Wirkung der ätherischen Öle ist sehr vielseitig. Wegen ihrer desinfizierenden Eigenschaften hemmen sie das Wachstum krankheitserregender Mikroorganismen. Das gilt vor allem für die Alkohole enthaltenden ätherischen Öle. Geschätzt werden die hervorragenden desinfizierenden Eigenschaften z. B. des Thymols, das im ätherischen Öl des Echten Thymians *(Thymus vulgaris L.)* und des Quendels *(Thymus serpyllum L.)* vorkommt. Desinfizierend wirkt auch das ätherische Öl des Knoblauchs *(Allium sativum L.)* und der Küchenzwiebel *(Allium cepa L.)*. Verbreitet ist ebenfalls die Verwendung ätherischer Öle gegen pathogene Schimmelpilze, Krätze und andere Hautparasiten. Das Anethol, das z. B. im ätherischen Öl des Anises *(Anisum vulgare Gaertn.)* vorkommt, vertreibt durch seinen durchdringenden, arteigenen Geruch lästige Insekten.

Ätherische Öle wirken örtlich hautreizend, was manchmal zu Entzündungen und Blasenbildung führen kann. Bei entsprechender Dosierung kommt es jedoch zu einer besseren Durchblutung der Haut. Deshalb verwendet man ätherische Öle, z. B. das Öl des Schwarzen Senfs *(Brassica nigra /L./ Koch)*, vielfach als Bestandteil antirheumatischer Einreibemittel. Von hervorragender therapeutischer Bedeutung sind die entzündungshemmenden Eigenschaften des ätherischen Öls der Echten Kamille *(Matricaria chamomilla L.)*, der Gemeinen Schafgarbe *(Achillea millefolium L.)* und der Pfefferminze *(Mentha × piperita L.)*.

Einige Bestandteile ätherischer Öle (Eugenol, Kampfer und Menthol) rufen örtlich schmerzbetäubende (anästhetische) Wirkungen hervor. Andere wiederum, wie das Borneol und der Kampfer, stärken die Herzmuskulatur und regulieren den Blutkreislauf. Einige ätherische Öle, wie die des Gemeinen Baldrians *(Valeriana officinalis L.)* und der Zitronen-Melisse *(Melissa officinalis L.)* wirken anregend, beruhigend oder sogar betäubend auf das zentrale Nervensystem.

Eine ganze Reihe ätherischer Öle wirkt auf die glatte Muskulatur. Die meisten üben einen günstigen Einfluß auf den Verdauungstrakt (sowohl auf die Leber und Galle als auch auf den Magen-Darm-Kanal) aus. Die ätherischen Öle der Pfefferminze *(Mentha × piperita L.)*, des Anises *(Anisum vulgare Gaertn.)* und des Wiesenkümmels *(Carum carvi L.)* wirken magenstärkend, verdauungsfördernd, appetitanregend und galletreibend. Unerwünscht sind die Auswirkungen einiger ätherischer Öle auf die Gebärmutter, z. B. der ätherischen Öle aus verschiedenen Doldengewächsen (Petersilie) und Lippenblütengewächsen (Majoran). Sie rufen eine übermäßige Blutstauung hervor, die in der Schwangerschaft den Verlust der Leibesfrucht zur Folge haben kann. Besonders gefährlich sind die in einigen ätherischen Ölen enthaltenen Wirkstoffe Apiol und Myristicin. Viele dieser Stoffe, z. B. die Bestandteile des ätherischen Öls der Dornigen Hauhechel *(Ononis* spinosa L.) und der Petersilie (Petroselinum Hill), haben jedoch ausgezeichnete harntreibende Eigenschaften und wirken gleichzeitig desinfizierend auf die Harnwege.

Sehr beliebt ist die Verwendung der ätherischen Öle einiger Heilpflanzen, z. B. des Echten Thymians (Thymus vulgaris L.) und des Quendels (Thymus serpyllum L.), bei Erkrankungen der oberen Atemwege.

Eingehender wird die Wirkung und medizinische Anwendung ätherischer Öle bei der Besprechung der einzelnen Heilpflanzen im Bildteil dieses Buches beschrieben.

Einige ätherische Öle bilden einen wichtigen Bestandteil verschiedener Gewürze, die in der Küche und in der Lebensmittelindustrie benutzt werden. Sie machen die Speisen schmackhafter und fördern auch die Verdauung. Als Gewürz werden manchmal frische, meistens jedoch getrocknete, an ätherischen Ölen reiche Pflanzenteile (Wurzeln, Blätter, das Kraut oder die Früchte) verwendet.

Auch bei der Herstellung alkoholischer und nichtalkoholischer Getränke spielen ätherische Öle als Geschmacks- und Geruchsträger eine hervorragende Rolle. Schließlich werden sie auch zum Aromatisieren von Konditorwaren, Schokoladen und Tabakerzeugnissen verwendet. Ätherische Öle gewinnt man heute vielfach fabrikmäßig aus frischen oder getrockneten Pflanzen.

Bitterstoffe

Bitterstoffe sind ungiftige, stickstofffreie, bitterschmeckende Substanzen verschiedenartiger chemischer Zusammensetzung. Bitterstoffe kommen vor allem in einigen Pflanzenfamilien, z. B. in den Enziangewächsen (Gentianaceae), den Korbblütengewächsen (Asteraceae / Compositae /) und den Lippenblütengewächsen (Lamiaceae / Labiatae /) vor. In der Medizin werden sie meistens in Form von alkoholischen Auszügen (Tinkturen, Medizinalweinen) angewendet. Wenn man sie in entsprechender Dosierung vor dem Essen einnimmt, fördern sie die Ausscheidung von Magensaft und dadurch auch die Verdauung. Sie wirken außerdem beruhigend, kräftigend und werden daher gern während der Rekonvaleszenz genommen.

Von den in diesem Buch beschriebenen und abgebildeten Pflanzen enthalten Bitterstoffe vor allem das Benediktenkraut *(Cnicus benedictus L.)*, der Gelbe Enzian *(Gentiana lutea L.)* und andere Enzianarten (Gattung *Gentiana L.)*, der Fieberklee *(Menyanthes trifoliata L.)* und das Echte Tausendgüldenkraut *(Centaurium minus Moench)*. Bitterstoffdrogen nimmt man gern als Aromaträger zur Herstellung von Aperitifs, Wermutweinen und bitteren Magenlikören.

Gerbstoffe

Gerbstoffe sind in Wasser und Alkohol lösliche, stickstofffreie Pflanzenstoffe mit zusammenziehender Wirkung. An der Luft verändern sie ihre Farbe, werden dunkel und verlieren ihre Wirksamkeit. Gerbstoffdrogen dürfen daher nicht lange gelagert werden. Zu den gerbstoffreichen Pflanzenfamilien gehören die Rosengewächse *(Rosaceae)*, die Storchschnabelgewächse *(Geraniaceae)* und die Schmetterlingsblütengewächse *(Fabaceae / Papilionaceae/)*. Die Kreuzblütengewächse *(Brassicaceae / Cruciferae/)* und die Mohngewächse *(Papaveraceae)* enthalten keine Gerbstoffe.

Die Heilkraft der Gerbstoffe beruht auf ihrer adstringierenden, d.h. zusammenziehenden Wirkung, die ein schnelleres Heilen der Wunden und eine raschere Bildung von neuen Geweben an Wundflächen und entzündeten Schleimhäuten bewirkt. Äußerlich werden Gerbstoffe zu Waschungen, Spülungen und Umschlägen bei Unterschenkelgeschwüren, Hämorrhoiden, Brand- und Frostwunden von geringem Ausmaß und bei Zahnfleischentzündungen angewendet. Innerlich verordnet man sie bei Durchfall und Darmkatarrh. Bei einigen Drogen, z. B. bei der Eichenrinde *(Cortex quercus)* und den Heidelbeerblättern

(Folium myrtilli), bilden die Gerbstoffe den Hauptwirkstoff. In anderen Arzneipflanzen, z. B. in der Pfefferminze *(Mentha × piperita L.)* und der Echten Salbei *(Salvia officinalis L.),* kommen sie nur als Begleitsubstanzen vor und erhöhen die Wirkung des Hauptinhaltsstoffes. Dagegen entwerten Gerbstoffe in der Echten Bärentraube *(Arctostaphylos uva-ursi /L./ Spreng.)* die Qualität der Droge.

Schleime

Schleime bilden sich bei den Lebensvorgängen in den Pflanzen. Nach ihrer chemischen Zusammensetzung sind sie *Polysaccharide,* die sich zum Teil in Wasser lösen und unter Einwirkung von Wasser aufquellen. Schleime haben nur lokale Wirkung, d. h. ihre Heilwirkung beschränkt sich auf die Berührungsstelle mit dem erkrankten Gewebe. Schleime üben einen günstigen Einfluß bei Schleimhautentzündungen der oberen Atemwege aus, da sie die entzündete Stelle „einhüllen" und sie so vor mechanischen Reizen und anderen Reizstoffen schützen. Ganz besonders eignen sich die Schleime zur Behandlung von Reizzuständen des Magendarmkanals. Sie wirken entzündungshemmend und beseitigen unerwünschte Gärungsprozesse im Darm; außerdem regulieren sie auch die Peristaltik, d. h. die rhythmischen Bewegungen des Magens und Darms. Sie eignen sich ebenfalls als mildes Abführmittel. Diese Eigenschaften der Schleime nutzt die Kinderheilkunde bei Darmentzündungen von Säuglingen.

In diesem Buch werden einige wichtige Schleimdrogen genannt, z. B. die Drogen der Eibischwurzeln und -blätter *(Radix* et *Folium althaeae),* der Malvenblüten *(Flos malvae),* Leinsamen *(Semen lini),* des Isländischen Mooses *(Cetraria islandica /L./ Ach.)* und die Drogen der Wegericharten *(Plantago psyllium L.* und *Plantago indica L.).* Bei einigen Heilpflanzen, z. B. bei der Großblumigen Königskerze *(Verbascum thapsiforme Schrad.),* sind die Schleime nicht die Hauptwirkstoffe. Ihre Bedeutung liegt darin, daß sie als Unterstützungsmittel die Heilwirkung der Hauptinhaltsstoffe ergänzen und erleichtern.

Aus Schleimdrogen werden grundsätzlich Kaltwasserauszüge bereitet, da beim Kochen die Schleime entwertet werden.

Weitere Wirkstoffe

Außer den angeführten Wirkstoffgruppen müssen noch folgende, chemisch und therapeutisch nicht weniger wichtige pflanzliche Inhaltsstoffe erwähnt werden:

Organische Säuren sind z. B. an der Heilwirkung zahlreicher Drogen wesentlich beteiligt. Zu ihnen gehören die Apfel-, Zitronen-, Oxal- und Weinsäure, die alle als milde Abführmittel bekannt sind.

Zuckerkomponenten kommen als wichtige Begleitstoffe in zahlreichen Drogen vor. Zu den Zuckern zählen auch Schleime und andere Polysaccharide, z. B. Stärken.

Nicht unerwähnt dürfen die *Pflanzenfette, Vitamine* und die in manchen Pflanzen enthaltenen *Phytonzide* bleiben, die eine hemmende Wirkung auf das Wachstum krankheitserregender Mikroorganismen ausüben.

Die Heilwirkung der Pflanzen ist noch nicht in allen Einzelheiten erforscht. Praktisch unbekannt ist in dieser Hinsicht die asiatische, afrikanische, südamerikanische und australische Pflanzenwelt. Ihre Erforschung wird wahrscheinlich zur Entdeckung wichtiger, heute noch unbekannter neuer Heilstoffe führen.

DIE HEILPFLANZENKULTUR

Der Arzneipflanzenanbau ist ein verhältnismäßig junger Zweig der Pflanzenzüchtung. Historisch gesehen, gehen seine Anfänge auf die Klostergärten zurück, die die Klosterapotheken mit Drogen versorgten. Die landwirtschaftliche Produktion von Heilpflanzen beginnt erst in der zweiten Hälfte des 19. Jahrhunderts als Folge des Aufschwungs der pharmazeutischen Industrie. Seitdem nimmt der Anbau von Heilpflanzen ständig zu. Zu Beginn unseres Jahrhunderts hatte der Arzneipflanzenanbau noch gärtnerischen Charakter, doch inzwischen herrscht der großflächige Anbau vor.

Heute werden in der gemäßigten und subtropischen Zone ungefähr einhundert Heilpflanzenarten angebaut. Im Großanbau etwa dreißig Arten, z. B. die Echte Kamille *(Matricaria chamomilla L.)*, der Wiesenkümmel *(Carum carvi L.)*, der Gemeine Baldrian *(Valeriana officinalis L.)*, der Schlafmohn *(Papaver somniferum L.)*, die Pfefferminze *(Mentha × piperita L.)*, der Wollige Fingerhut *(Digitalis lanata Ehrh.)*, das Mutterkorn *(Claviceps purpurea /Fr./ Tul.)*, der Echte Eibisch *(Althaea officinalis L.)* und die Schwarze Tollkirsche *(Atropa bella-donna L.)*.

Die meisten heute angebauten Arzneipflanzen sind erst in neuester Zeit in Kultur genommen worden. Sie haben daher noch vielfach die Merkmale und Eigenschaften wildwachsender Arten, die den erfolgreichen Anbau erschweren. So keimen z. B. die einzelnen Pflanzen derselben Art nicht gleichmäßig oder reifen nicht gleichzeitig. Viele bereits in Kultur genommene Arten müssen noch weiter gezüchtet werden. Die Zuchtziele sind höhere Erträge, gleichmäßige Keimfähigkeit und Reife und Steigerung bzw. Verbesserung des Wirkstoffgehalts. Im allgemeinen gelten für die Kultivierung von Heilpflanzen die

25

selben Grundsätze wie für die Züchtung anderer Kulturpflanzen.

Einige Arzneipflanzen werden ähnlich wie Getreide kultiviert, z. B. der Wiesenkümmel *(Carum carvi L.)*, der Gartenfenchel *(Foeniculum vulgare P. Mill.)* und der Gartenkoriander *(Coriandrum sativum L.)*, andere wie Hackfrüchte, z. B. der Gemeine Baldrian *(Valeriana officinalis L.)*, der Wollige Fingerhut *(Digitalis lanata Ehrh.)* und die Schwarze Tollkirsche *(Atropa bella-donna L.)*. Der Anbau einiger Heilpflanzen, deren Kraut als Droge Verwendung findet, z. B. der Pfefferminze *(Mentha × piperita L.)* und der Zitronenmelisse *(Melissa officinalis L.)*, ähnelt dem Anbau von Grünfutter.

Geschützte und gefährdete Arten

Der Arzneipflanzenanbau hilft heute aber nicht allein den Bedarf zu decken, sondern wirkt sich auch auf den Schutz der vom Aussterben bedrohten und gesetzlich geschützten Arten aus, da man die meisten Drogen in Apotheken und Drogerien kaufen kann. Dazu trägt auch der Drogenimport bei.

Alle in diesem Buch mit einem * versehenen Arzneimittelpflanzen dürfen nicht beschädigt, gepflückt oder ausgegraben werden. Verstöße gegen das Artenschutzgesetz und das Naturschutzgesetz werden mit schweren Strafen geahndet.

Die in der Roten Liste der gefährdeten Tiere und Pflanzen aufgeführten Arten sind im Bildteil ebenfalls gekennzeichnet.

Das Klima

Der Einfluß des Klimas (Wärme, Niederschläge, Sonneneinstrahlung, Luftströmungen, Höhe über N.N.) auf die Pflanzen läßt sich nur schwer verfolgen. Bekannt ist der Einfluß des Klimas auf den Wirkstoffgehalt zahlreicher

Heilpflanzen. Höhere Durchschnittstemperaturen wirken sich z. B. beim Gartenfenchel *(Foeniculum vulgare* P. Mill.*)*, dem Gemeinen Andorn *(Marrubium vulgare L.)* und dem Echten Lavendel *(Lavandula spica L.)* günstig auf die Bildung ätherischer Öle aus. In warmen, subtropischen Gegenden gezüchtete Kamille *(Matricaria chamomilla L.)* ist dagegen weniger heilkräftig, wenn auch reich an ätherischem Öl, dem aber häufig das Chamazulen fehlt. Diesem Wirkstoff verdankt die Droge jedoch ihre entzündungshemmende Eigenschaft. Die Echte Kamille aus den kälteren Gegenden Mitteleuropas (Böhmen, Ungarn und Deutschland) zeichnet sich gerade durch ihren hohen Chamazulen-Gehalt aus. Alkaloidhaltige Pflanzen, z. B. das Schwarze Bilsenkraut *(Hyoscyamus niger L.)*, der Weiße Stechapfel *(Datura stramonium L.)* und die Schwarze Tollkirsche *(Atropa bella-donna L.)*, reagieren auf größere Wärme und intensivere Sonneneinstrahlung durch verstärkte Bildung von Alkaloiden. Bei niedrigen Temperaturen, starker Bewölkung und langandauernden Niederschlägen sinkt dagegen der Alkaloidgehalt dieser Pflanzen verhältnismäßig schnell. Übermäßige Feuchtigkeit setzt den Schleimgehalt des Echten Eibisch *(Althaea officinalis L.)*, der Wilden Malve *(Malva silvestris L.)* und anderer Pflanzen herab. Herbstfröste vermindern häufig noch vor der Ernte den Glykosidgehalt in den Blättern des Wolligen Fingerhuts *(Digitalis lanata Ehrh.)*. Auch Beschattung kann den Wirkstoffgehalt von Heilpflanzen herabsetzen, wie bei der Echten Kamille *(Matricaria chamomilla L.)*.

Boden und Nährstoffansprüche

Außer dem Klima beeinflußt auch der Boden den Wirkstoffgehalt der Heilpflanzen, vor allem Fruchtbarkeit, seine chemischen, biologischen und physikalischen Eigenschaften und sein Nährsalzgehalt. Arzneipflanzen, deren Wurzeln, Wurzelstöcke oder Knollen geerntet werden, sollen nicht in schweren, lettigen Böden gezogen werden, weil ihr Wirkstoffgehalt in diesen Böden wesentlich geringer ist, das gilt z. B. für die Gartenpetersilie *(Petroselinum crispum* /P. Mill./ Nym.*)*, den Palmblättrigen Rhabarber *(Rheum palmatum* L.*)*, den Echten Eibisch *(Althaea officinalis* L.*)* und den Gelben Enzian *(Gentiana lutea* L.*)*. Trokkenheit liebende Heilpflanzen können nicht in feuchten Böden und umgekehrt feuchtigkeitsliebende nicht in trockenen Böden kultiviert werden.

Der Wollige Fingerhut *(Digitalis lanata* Ehrh.*)* gibt auf kalkreichen, d. h. auf basisch reagierenden Böden, bedeutend höhere Erträge und auch der Glykosidengehalt ist höher als auf mäßig sauren Böden. Der Rote Fingerhut *(Digitalis purpurea* L.*)* verträgt Kalklösungen im Boden nicht; die höchsten Erträge und den größten Glykosidengehalt erzielt man bei dieser Pflanze auf sauren Böden. Ähnlich gibt die Echte Kamille *(Matricaria chamomilla* L.*)* auf kalkreichen Böden höhere Erträge und einen höheren Gehalt an ätherischem Öl.

Beim Weißen Stechapfel *(Datura stramonium* L.*)*, der Schwarzen Tollkirsche *(Atropa bella-donna* L.*)*, dem Mutterkorn *(Claviceps purpurea* /Fr./ Tul.*)* und anderen alkaloidhaltigen Pflanzen erzielt man einen höheren Wirkstoffgehalt, wenn man sie auf stickstoffreichen Böden kultiviert. Nach den bisher durchgeführten Versuchen hat der Mangel an Mangan, Zink und Magnesium im Boden eine Verringerung der Glykosidenbildung zur Folge.

Die Erträge und die Qualität von Arzneipflanzen können durch entsprechende *Düngung* wesentlich gesteigert werden. Allgemein bekannt ist der Grundsatz, daß Heilpflanzen, die man wegen der Wurzeln oder Wurzelstöcke anbaut, mit Kali versorgt werden müssen, während Blüten- und Fruchtdrogen liefernde Pflanzen vor allem Phosphor, und Kraut- und Blattdrogen liefernde Arzneipflanzen in erster Linie Stickstoff benötigen.

BILDTAFELN

I. BÄUME UND STRÄUCHER MIT HEILKRÄFTIGEN BESTANDTEILEN

Roßkastanie

Aesculus hippocastanum L.

Roßkastaniengewächse
Hippocastanaceae

Der stattliche Baum blüht im Mai und Juni. Er ist in den Gebirgsschluchten der Balkanhalbinsel heimisch, kommt aber auch im westlichen Kaukasus, im Nordiran und im Himalaja vor. In Mittel- und Westeuropa wird er in allen Höhenlagen vom Tiefland bis ins Mittelgebirge, bis zu 800 m über N.N., als Zierbaum in Alleen und Parks kultiviert. An Waldrändern trifft man ihn zuweilen auch verwildert an.

Als Drogen finden die Samen *(Semen hippocastani)*, seltener die Blüten *(Flos hippocastani)* und die Rinde *(Cortex hippocastani)* Verwendung. Die reifen Samen, die sogenannten Kastanien, werden im Herbst gesammelt, bei guter Durchlüftung getrocknet und bei künstlicher Wärme bis 60 °C nachgetrocknet. Die Blüten erntet man bei trockenem Wetter und trocknet sie im Schatten bei natürlicher Wärme. Die Rindendroge wird im Frühjahr gewonnen. Die Drogen sind geruchlos und von bitterem Geschmack. Ihre Inhaltsstoffe sind bisher nur ungenügend erforscht. Sie haben entzündungshemmende Wirkung und bewährten sich bei Wassersucht und Ödemen. Bei Krämpfen, Durchblutungsstörungen und Sklerose werden sie ebenfalls verordnet.

Aus der Samendroge hergestellte Präparate sind wichtige Heilmittel bei Krampfadern (Varizen) und Hämorrhoiden. Sie werden innerlich als Tropfen oder Injektionen und äußerlich als Salben und Badezusätze gebraucht. Sie dürfen nur auf ärztliche Anordnung abgegeben werden. Die Drogen werden wildwachsend gesammelt.

Inhaltsstoffe: Triterpensaponine Flavone und Cumarin Heilwirkung hat in erster Linie das Saponin Aescin Ein wichtiger Bestandteil der Blütendroge ist das Flavonaglykon Kämpferol. Die Rinde enthält vor allem Allantoin Aesculin und Gerbstoffe

1. Blühender Zweig
2. Same (Kastanie)

Hänge-Birke

Betula verrucosa EHRH.

Betula pendula ROTH

Birkengewächse
Betulaceae

Der Baum blüht im April und Mai. Häufig eingestreut oder als Untergehölz in Laub- und Nadelwäldern, auf Waldlichtungen, Hängen und Felsen von der Ebene bis in Mittelgebirgshöhen. Die Hängebirke kommt in ganz Europa, Vorderasien und Westsibirien vor. Im Süden reicht ihr Verbreitungsgebiet bis zum Altai und im Osten bis etwa 100° östl. L. Sie bevorzugt saure sandig-lehmige bis sandige oder Moorböden.

Gesammelt werden im Frühjahr die jungen, noch etwas klebrigen Blätter *(Folium betulae)*. Das Trocknen erfolgt im Schatten oder bei künstlicher Wärme bis zu 45 °C. Die Droge hat einen schwachen, unangenehmen Geruch und bitteren Geschmack. Sie wirkt harntreibend und desinfizierend, ohne die Nieren anzugreifen. Außerdem hat sie auch schweißtreibende Wirkung.

Innerlich werden Birkenblätter als Aufguß bei Nieren- und Blasenkrankheiten, Rheumatismus, Gicht, Wassersucht und anderen Krankheiten verwendet, bei denen die Heilung eine erhöhte Harnabsonderung zur Ableitung schädlicher Substanzen aus dem Körper erfordert. Aus diesem Grunde bildet die Droge auch einen wichtigen Bestandteil verschiedener Nieren- und Blasentees. Äußerlich wird sie als Badezusatz geschätzt. Das aus der Birkenrinde und dem Birkenholz gewonnene Harz kann äußerlich gegen Parasiten verwendet werden, reizt jedoch die Haut. Der sogenannte Birkensaft wird im Frühjahr durch Anzapfen des Stammes gewonnen und zur Herstellung kosmetischer Präparate benutzt. Die Droge wird wildwachsend gesammelt.

Inhaltsstoffe:
Saponine, in geringem Maß ätherisches Öl Harz, Hyperin Gerbstoffe und Flavone. In den jungen Blättern auch Vitamin C Karotine und phytonzide Substanzen

1. Blühender Zweig
2. Fruchtender Zweig mit jungen, zum Sammeln geeigneten Blättern

Zweigriffeliger Weißdorn

Crataegus oxyacantha L.

Rosengewächse
Rosaceae

Der Zweigriffelige Weißdorn ist meistens ein Strauch, seltener ein kleiner Baum. Blütezeit: Mai und Juni. Er wächst ziemlich häufig auf buschigen Hängen, Rainen, an Zäunen und in Hecken vom Tiefland bis ins Vorgebirge, vereinzelt auch in Gebirgslagen. Er ist in Mitteleuropa beheimatet. Sein Verbreitungsgebiet erstreckt sich von den Pyrenäen, Mittelengland und Südschweden bis zum Schwarzen Meer; im Süden reicht er bis nach Sizilien und Griechenland. Gebietsweise wird er auch als Ziergehölz gezogen.

Als Droge werden die Blüten *(Flos crataegi)* und die Früchte *(Fructus crataegi)* verwertet. Die Blüten werden während des Aufblühens im Mai und Juni und die reifen Früchte im September und Oktober gesammelt. Die Blütendroge wird bei etwa 40 °C und die Fruchtdroge bei etwa 50 °C getrocknet. Blüten, die eine braune Farbe angenommen haben, sind nach dem Trocknen zu entfernen. Die Blütendroge ist von angenehmem Geruch. Die Früchte sind geruchlos und von etwas bitterem Geschmack. Beide Drogen erweitern die Herzkranzgefäße und wirken herzstärkend und blutdrucksenkend.

Weißdorndrogen werden innerlich in Form von Aufgüssen oder Fertigpräparaten bei nervösen Herzleiden, Schlaflosigkeit, hohem Blutdruck und bei Beschwerden der Wechseljahre verordnet. Gute Heilerfolge wurden auch bei beginnender Arterienverkalkung und während der Rekonvaleszenz nach Schlaganfällen erzielt. Nicht selten werden auch frische Pflanzenteile verwendet. Die Drogen werden nur wildwachsend gesammelt.

Inhaltsstoffe:
Die wichtigsten Wirkstoffe sind Flavonoide Leucocyanidine einschließlich Biosid, ein Gemisch von Triterpensäuren Purinderivate Saponin Acetylcholin und Gerbstoffe

1. Blühender Zweig
2. Früchte

34

Gemeiner Wacholder
Juniperus communis L.

Zypressengewächse
Cupressaceae

Der Wacholder ist von strauch-, seltener von baumartigem Wuchs. Blütezeit: April und Mai. Häufig eingestreut in lichten Nadelwäldern (auch als Unterholz) sowie auf Felsen, Weideflächen, Heide- und Moorböden vom Tiefland bis ins Vorgebirge. Sein Siedlungsgebiet erstreckt sich über die arktische und gemäßigte Zone der nördlichen Halbkugel.

Als Droge kommen die Früchte *(Fructus juniperi)* und ganz ausnahmsweise das Holz *(Lignum juniperi)* in Betracht. Die reifen Früchte (Wacholderbeeren) werden im September oder Oktober geerntet, indem man sie auf eine Plane abschüttelt. Sie werden gereinigt, in dünner Lage ausgebreitet und an einem luftigen, schattigen Ort getrocknet. Die Droge riecht nach Harz und schmeckt süßlich. Sie wirkt harntreibend und gleichzeitig desinfizierend.

Innerlich wird die Droge als Aufguß oder als Bestandteil harntreibender Kräutertees bei Entzündungen der Harnwege, auf keinen Fall aber bei akuten Nierenerkrankungen und während der Schwangerschaft angewendet. Sie erhöht die Absonderung von Magensaft und bewährt sich daher auch bei Verdauungsstörungen. Die äußere Anwendung hat eine gute Durchblutung der Haut zur Folge. Die Droge wird daher bei rheumatischen Erkrankungen als Badezusatz oder in Form von Wacholderspiritus zu Einreibungen benutzt. Auch in der Tiermedizin spielt sie eine Rolle. Wacholderbeeren werden auch als Gewürz und vor allem zur Herstelllung von Wacholderschnäpsen verwendet. Die Droge wird ausschließlich aus Wildbeständen gesammelt.

Inhaltsstoffe: Bis zu 2 % ätherisches Öl das in unterschiedlichem Verhältnis aus α-Pinen Camphen und Cadinen besteht; ferner Gerbstoffe Flavonglykoside, Harz und etwa 30 % Invertzucker

1. Blühende Zweige
2. Fruchtender Zweig

Stieleiche
Quercus robur L.

Buchengewächse
Fagaceae

Der mächtige, oft bis 50 m hohe Baum blüht im Mai und Juni. Häufig eingestreut in Laub- und Nadelwälder oder Bestände bildend, oft auch in Auen und Flußtälern vom Tiefland bis ins Vorgebirge, vereinzelt auch im Gebirge. Die Stieleiche ist über ganz Europa mit Ausnahme des hohen Nordens und des südlichsten Teils des Kontinents verbreitet, im Osten bis zum Ural und zum Kaukasus.

Gesammelt wird die junge, noch borkenfreie Rinde *(Cortex quercus).* Sie wird am besten im Frühjahr von abgeschnittenen Ästen geschält und an der Sonne oder bei künstlicher Wärme bis zu 50 °C getrocknet. Von besonders guter Qualität ist die noch silbrig glänzende, glatte und an der Oberfläche graubraune sog. Spiegelrinde. Die Droge hat einen typischen Gerbstoffgeruch und ist von bitterem, zusammenziehendem Geschmack. Sie hat stark adstringierende, entzündungshemmende und stopfende Wirkung. Nach sehr großen Gaben kann es zu heftigem Erbrechen kommen.

Innerlich wird die Droge hin und wieder als Abkochung bei Magen- und Darmkatarrhen sowie bei Durchfall gebraucht; äußerlich werden Extrakte und Abkochungen zu Umschlägen, Bädern bei Frostbeulen, Ausschlägen und starker Schweißabsonderung an Händen und Füßen verwendet. Von Eichenrinde und Kamillen wird ein Ausspülungstee zur Behandlung von Hämorrhoiden zubereitet. Eichenrinde wird vor allem als technischer Rohstoff in der Gerberei geschätzt. Auch die Traubeneiche, *Quercus petraea* (Mattusch.) Liebl. *(Q. sessilis* Ehrh.),* liefert Eichenrinde.

Inhaltsstoffe:
Die Rinde enthält 10 bis 20 % Gerbstoffe und Begleitsubstanzen

1. Blühender Zweig
2. Weibliche Blüten
3. Männliche Blüten
4. Fruchtender Zweig

Schwarzer Holunder

Sambucus nigra L.

Geißblattgewächse
Caprifoliaceae

Der Schwarze Holunder hat meistens strauchigen, seltener baumförmigen Wuchs. Blütezeit: Juni und Juli. Häufig an ursprünglichen Standorten in Laubwäldern und Auen, unter Gebüsch und auf Waldblößen, aber auch in der Nähe menschlicher Siedlungen vom Tiefland bis ins Vorgebirge. Das Verbreitungsgebiet des Holunders umfaßt fast ganz Europa und Kleinasien und reicht bis nach Westsibirien und Nordafrika.

Als Droge kommen Blüten *(Flos sambuci)* und Früchte *(Fructus sambuci)* in den Handel. Um eine gute Blütendroge zu gewinnen, werden die Trugdolden bei trockenem Wetter gesammelt und auf Horden ausgebreitet. Nach dem Verwelken werden die Blüten abgezupft und im Schatten getrocknet. Die Blütendroge riecht stark, fast betäubend und ist von schleimig süßlichem, etwas kratzendem Geschmack. Die Früchte werden in reifem Zustand gesammelt und ebenfalls im Schatten getrocknet.

Die Fruchtdroge schmeckt sauer und zusammenziehend. Beide Drogen haben fiebersenkende und schweißtreibende Wirkung und lindern chronische Entzündungen der Atemwege. Außerdem besitzen sie auch harntreibende und krampflösende Eigenschaften.

Innerlich wird die Blütendroge als Aufguß bei fieberhaften Erkältungskrankheiten, Katarrhen der Atemwege und Rheumatismus empfohlen. Äußerlich wird der Aufguß zum Gurgeln und als Badezusatz benutzt. Der Beerensaft wird innerlich als Mittel gegen Migräne und starke Nervenschmerzen gebraucht. Die Drogen stammen aus Wildbeständen.

Inhaltsstoffe:
Die Blütendroge enthält außer dem Flavonglykosid Rutin auch ätherisches Öl Gerb- und Schleimstoffe das Glykosid Sambunigrin und andere Glykoside sowie organische Säuren
In den Früchten wurden organische Säuren Gerbstoffe Farbstoffe (Anthocyane) Spuren von ätherischem Öl und Vitamin C festgestellt

1. Blühender Zweig
2. Früchte

Winterlinde

Tilia cordata P. MILL.

Lindengewächse
Tiliaceae

Die Winterlinde zeigt meistens baum-, seltener strauchartigen Wuchs. Blütezeit: Juni und Juli. Ziemlich häufig kommt sie in Laub- und Nadel-Mischwäldern, in Gebüschen, auf sonnigen Abhängen und Felsen sowie an Flußufern von der Ebene bis ins Vorgebirge vor. Die Winterlinde ist über ganz Europa verbreitet. In Nordamerika wird sie kultiviert.

Die Droge *(Flos tiliae)* besteht aus dem ganzen Blütenstand und dem häutigen Hochblatt. Die „Lindenblüten" werden bei trockenem Wetter zu Beginn der Blütezeit gesammelt, in dünner Lage an einem schattigen und luftigen Ort ausgebreitet und getrocknet. Bei künstlicher Trocknung soll die Temperatur etwa 40 °C betragen. Die Droge hat einen schwach honigartigen Geruch; der Geschmack ist süßlich und schleimig. Sie wirkt schweiß- und harntreibend, schleimlösend und krampfstillend.

Sie wird innerlich als Aufguß oder Bestandteil von Teemischungen bei Erkältungskrankheiten, Verschleimung der Atmungsorgane und Husten sowie als schweißtreibendes Mittel bei Grippe, ferner bei Erkrankungen der Harnwege und auch als magenstärkendes Mittel genommen. Äußerlich dient sie als Gurgelmittel und Bäderzusatz und wird auch vielfach zur Herstellung von Mundwasser verwendet. Die Droge wird wildwachsend gesammelt.

Lindenblüten sammelt man auch von der auf ähnlichen Standorten vorkommenden Sommerlinde *(T. platyphyllos* Scop.*)*, deren Siedlungsgebiet sich von Mittel- und Südeuropa bis in den Kaukasus und nach Kleinasien erstreckt.

Inhaltsstoffe: 0,02 % ätherisches Öl von dem Farnesol isoliert wurde, sowie Schleim und Flavonglykoside

1. Blühender Zweig
2. Fruchtstand mit Hochblatt

II. HEILPFLANZEN

Gemeine Schafgarbe
Achillea millefolium L.

Korbblütengewächse
Asteraceae
(Compositae)

Ausdauerndes Kraut. Blütezeit: Juni bis September. Es kommt häufig auf Wiesen, Weiden, Felsen, Kahlschlägen, in lichten Wäldern, an Wegen und Feldrainen, auf Schuttplätzen und auch als Unkraut vor, von der Ebene bis in die alpine Höhenstufe, d.i. bis über die Waldgrenze hinaus. Es ist in der gemäßigten Zone Europas und Westasiens heimisch.

Das Kraut *(Herba millefolii)* wird zur Blütezeit einige Zentimeter über dem Erdboden abgeschnitten und in dünner Schicht zum Trocknen ausgebreitet oder in Bündeln an einem schattigen und luftigen Platz aufgehängt und getrocknet. Bei künstlichem Trocknen darf die Temperatur 40 °C nicht übersteigen. Die Droge riecht aromatisch und schmeckt bitter. Beim Sammeln ist Vorsicht geboten, da die Droge bei empfindlichen Personen entzündliche Hautkrankheiten hervorrufen kann. Kinder sollen daher beim Sammeln überhaupt nicht beschäftigt werden. Die Droge fördert die Absonderung von Magensaft und dadurch auch die Verdauung. Sie wirkt kreislaufverbessernd, entzündungshemmend und verringert innere Blutungen.

Der aus Schafgarbenkraut bereitete Teeaufguß wird innerlich bei Magen- und Verdauungsbeschwerden sowie als blutstillendes Mittel bei Lungen- und Nierenblutungen und bei zu starker Menstruation benutzt. Äußerlich wird der Aufguß zu Umschlägen bei Hautausschlägen und als Gurgelwasser bei Mundfäule und krankem Zahnfleisch verwendet. Die Droge stammt ausschließlich von wildwachsenden Beständen.

Inhaltsstoffe:
Ätherisches Öl (bis zu 0,5 %), in dem außer
Pinen
Borneol
Thujon
Sesquiterpenen und anderen Stoffen auch Chamazulen enthalten ist dem die Droge in erster Linie ihre Heilkraft verdankt
Vorhanden sind auch Flavone und Gerbstoffe

Blühende Pflanze (der zum Sammeln geeignete Teil)

Echter Kalmus
Acorus calamus L.

Aronstabgewächse
Araceae

Ausdauerndes Kraut. Blütezeit: Juni und Juli. Tritt zerstreut auf, stellenweise gesellig an See- und Teichrändern, an Ufern langsam fließender Gewässer, in Sümpfen und Gräben von der Ebene bis ins Vorgebirge. Einschließlich Mittel- und Osteuropas, wo die Pflanze offensichtlich eingeschleppt wurde, ist das Siedlungsgebiet des Echten Kalmus zirkumpolar.

Als Droge werden im Herbst die Wurzelstöcke *(Radix calami aromatici)* gesammelt. Man schneidet sie in 10 bis 15 cm lange Stücke und trocknet sie bei natürlicher oder mäßiger künstlicher Wärme (bis höchstens 40 °C). Das Schälen der Wurzelstöcke empfiehlt sich nicht, da dadurch der Gehalt an ätherischem Öl herabgesetzt wird. Die Droge riecht und schmeckt würzig aromatisch. Sie wirkt verdauungsfördernd, windtreibend und leicht harntreibend und reguliert die Stoffwechselvorgänge.

Innerlich wird die Droge in Form von Pulvern, Tinkturen, Aufgüssen oder Extrakten (früher auch in kandierter Form) als aromatisches Bittermittel bei Appetitlosigkeit, Verdauungsbeschwerden, Koliken, Blähungen und Durchfall angewendet. Ihre Heilwirkung verdankt sie der Gesamtheit der enthaltenen Stoffe. Äußerlich wird sie als Gurgelwasser bei Halsentzündungen und als Bäderzusatz bei Rachitis und Skrofulose benutzt. Außer in der Medizin findet das ätherische Öl der Kalmuswurzel auch in der Lebensmittelindustrie und in der Kosmetik Verwendung. Die Droge wird ausschließlich wildwachsend gesammelt.

Inhaltsstoffe: Ätherisches Öl (2 bis 6 %) dessen wichtigster Bestandteil Asaron ist ferner Eugenol Kampfer Sesquiterpene Alkohole und Terpenaldehyde sowie Bitter- und Gerbstoffe

1. Blütenstand
2. Unterer Teil der Pflanze mit Wurzelstock

Odermennig

Agrimonia eupatoria L.

Rosengewächse
Rosaceae

Ausdauerndes Kraut. Blütezeit: Juni bis August. Das Kraut kommt häufig auf buschigen Hängen und Weiden, in lichten Wäldern, auf Waldblößen, Magerwiesen und auf Rainen von der Ebene bis ins Vorgebirge vor. Der Odermennig ist in Nord-, Mittel- und Osteuropa, einschließlich des Kaukasus beheimatet.

Gesammelt wird das blühende Kraut *(Herba agrimoniae)*, bevor sich Früchte entwickeln, also in der Zeit von Juni bis August. Es wird einige Zentimeter über dem Erdboden abgeschnitten und in dünner Schicht an einem luftigen und schattigen Ort oder in Trockenanlagen bei einer Temperatur bis zu 45 °C getrocknet. Die Droge hat einen schwach aromatischen Geruch und einen herb-bitteren Geschmack. Sie wirkt zusammenziehend, entzündungshemmend und stopfend und übt eine regulierende Wirkung auf Leber, Galle und Magen aus.

Odermennigkraut wird innerlich als Aufguß oder als Bestandteil von Teemischungen verwendet; es übt einen ausgesprochen günstigen Einfluß auf die Tätigkeit der Verdauungsorgane, besonders der Leber, Galle, des Magens und des Darms aus. Äußerlich wird es bei Entzündungen in der Mundhöhle, als Gurgelwasser und in Form von Umschlägen bei Hautwunden und bei chronischen, hartnäckigen Hautausschlägen gebraucht. Bisher wird die Droge meistens wildwachsend gesammelt. Der Anbau des Odermennigs wird durch die mangelhafte Keimfähigkeit des Saatguts erschwert.

Inhaltsstoffe:
Gerbstoffe
Flavonfarbstoffe
Spuren eines
ätherischen Öls
und Bitterstoffe

1. Sammel-
frucht
2. Blühende
Stengelspitze
3. Blatt

Knoblauch

Allium sativum L.

Liliengewächse
Liliaceae

Das zweijährige bis ausdauernde Kraut ist eine Kulturpflanze, die schon seit uralten Zeiten als Gemüse-, Gewürz- und Heilpflanze gezogen wird. Die ursprüngliche Heimat des Knoblauchs liegt wahrscheinlich in Mittelasien. Heute wird der Knoblauch in allen Weltteilen angebaut. Blütezeit: Juli bis August.

Als Droge werden die frischen Zwiebeln benutzt. Sie werden im Juli oder August, wenn die Blätter vertrocknet sind, geerntet. Bei zu später Ernte zerfällt die Zwiebel in die einzelnen Zehen. Nach der Ernte werden die Zwiebeln zunächst gebündelt und gut getrocknet und dann in einem trockenen, frostfreien Raum aufbewahrt. Sie haben einen arteigenen, scharfen und würzigen Geruch.

Gute Erfolge wurden mit der Droge bei Blähungen und bei der Bekämpfung von Darmparasiten erzielt. Darüber hinaus wirkt sie blutdrucksenkend und galletreibend sowie wachstumshemmend auf Bakterien und Schimmelpilze. Bei äußerer Anwendung wirkt sie hautreizend und kann bei empfindlichen Personen Entzündungen verursachen.

Knoblauch wird innerlich bei hohem Blutdruck und Arterienverkalkung, ferner bei Blähungen, infektiösen Darmkatarrhen sowie gegen Madenwürmer und andere Darmparasiten verordnet. Als Gewürz spielt er in der Kochkunst eine große Rolle; Knoblauch wird zur Zubereitung von Fleischspeisen, Selchwaren, Suppen und Soßen benutzt. Besonders verbreitet ist seine Verwendung in den Mittelmeerländern und im Orient.

Inhaltsstoffe: Etwa 0,1 % unangenehm riechendes ätherisches Öl das organische Schwefelverbindungen z. B. Allylpropyldisulfid und Alliin enthält ferner Vitamin A, B und C sowie phytonzide Substanzen

1. Blütenstand
2. Knoblauchzwiebel
3. Knoblauchzehe

* Echter Eibisch

Althaea officinalis L.

Malvengewächse
Malvaceae

In Naturschutzgebieten und/oder Flächenhaften Naturdenkmalen vertreten.

Das ausdauernde Kraut wächst zerstreut auf Weiden, feuchten Wiesen, im Ufergebüsch, in Gräben und an Einfriedungshecken von der Ebene bis ins Hügelland. Es bevorzugt Salzböden und wärmere Standorte. Sein Verbreitungsgebiet umfaßt Mitteleuropa, die baltischen Länder, das Gebiet um das Schwarze und Kaspische Meer sowie Westsibirien und Zentralasien. Blütezeit: Juli bis September.

Für pharmazeutische Zwecke werden die Wurzeln *(Radix althaeae)* und Blätter *(Folium althaeae)* geerntet. Beide Drogen haben einen schwachen, eigenartigen Geruch und einen süßlichen, schleimigen Geschmack. Ihr Schleimgehalt wirkt auswurffördernd, reizmildernd und entzündungshemmend.

Die Drogen werden innerlich als Kaltwasserauszug, als Sirup oder Tee bei Erkrankungen der oberen Atemwege, wenn diese mit Schleimhautreizungen oder -entzündungen verbunden sind, sowie bei Bronchialasthma und Husten genommen. In der Kinderheilkunde spielen die Drogen als mildes Mittel gegen Durchfall und Darmerkrankungen eine große Rolle. Sie werden heute fast nur anbaumäßig gewonnen.

Lt. Rote Liste der gefährdeten Tiere und Pflanzen bei uns: 2 = stark gefährdet.

Inhaltsstoffe: Etwa 10 % Schleim unbekannter Zusammensetzung. Die Wurzel enthält ferner Stärke (bis 38 %) Saccharose (etwa 10 %) Invertzucker Lecithin Asparagin und andere Substanzen. In der Blattdroge wurden auch Spuren eines ätherischen Öls (0,022 %) gefunden

1. Wurzel
2. Blühende Pflanzenspitze

Engelwurz

Archangelica officinalis (MOENCH) HOFFM.

Doldengewächse
Apiaceae
(Umbelliferae)

Zweijährige bis ausdauernde Krautpflanze. Blütezeit: Juni bis August. Zerstreut auf feuchten Wiesen, in Gebüschen, in Gebirgsschluchten und an Bachufern vom Vorgebirge bis in die subalpine Region. Das Verbreitungsgebiet der Engelwurz umfaßt die gemäßigte Zone Europas und Sibiriens. Es reicht von Grönland und Island bis nach Kamtschatka und den Aleuten und im Süden bis zum Baikalsee, Altai und Himalaja.

Die Wurzeldroge *(Radix angelicae)* wird vorwiegend von Kulturpflanzen im zweiten Vegetationsjahr gewonnen. Nach dem Auspflügen werden die Wurzeln gewaschen, längs gespalten und am besten bei natürlicher Wärme getrocknet. Bei künstlicher Trocknung sollen höhere Temperaturen (über 45 °C) vermieden werden. Die Fruchtdroge *(Fructus angelicae)* wird im August und September gesammelt, wobei die ganzen, reifen Fruchtstände abgeschnitten werden. Diese werden zunächst getrocknet, und dann werden die Früchte ausgedroschen. Beide Drogen riechen angenehm aromatisch und sind von würzigem Geschmack. Sie sind hygroskopisch und müssen daher trocken aufbewahrt werden. Der Anbau der Engelwurz wird in Deutschland, Frankreich und Holland betrieben.

Engelwurzdrogen werden in Form von Aufgüssen, Tinkturen oder als Teezusatz bei Erkrankungen des Verdauungstrakts, Appetitlosigkeit, Sodbrennen, Blähungen usw. benutzt. Beide Drogen sowie das ätherische Öl finden auch in der Lebensmittelindustrie (Gewürz), bei der Likörherstellung und in der Parfümerie Verwendung.

Inhaltsstoffe:
Die Wurzeln enthalten bis zu 1 % und die Früchte bis zu 1,5 % ätherisches Öl. Der wichtigste Wirkstoff ist das Phellandren. Weitere Bestandteile sind Terpene, Laktone und zahlreiche Kumarine

1. Blütenstand
2. Blüte
3. Wurzel

Große Klette

Arctium lappa L.

Korbblütengewächse
Asteraceae
(Compositae)

Die zweijährige Pflanze blüht von Juli bis September. Ihr Verbreitungsgebiet erstreckt sich über Süd- und Mitteleuropa und reicht im Osten über ganz Asien bis nach Japan. In Amerika wurde die Art eingeschleppt. Man begegnet ihr häufig auf Schutthalden, Dorfangern, Wegrändern und in Gräben.

Als Droge werden die Wurzeln *(Radix bardanae)* verwendet; sie werden meistens im Herbst oder zeitig im Frühjahr von einjährigen, noch nicht blühenden Pflanzen gesammelt, zunächst gewaschen und dann bei künstlicher Wärme bis zu 50 °C getrocknet. Da die Droge hygroskopisch ist, empfiehlt es sich, die Trocknung von Zeit zu Zeit zu wiederholen. Die schleimig und süßlich-bitter schmeckende Droge gilt in der Medizin als entzündungshemmend, harn- und schweißtreibend. Günstige Wirkungen wurden auch bei Verdauungsstörungen und neuerdings bei Diabetes (Zuckerkrankheit) festgestellt.

Die Droge wird in Form von Aufgüssen oder als Bestandteil magenstärkender und harntreibender Teemischungen verwendet. Sie wird auch den bei Gallenkolik und Zuckerkrankheit empfohlenen Kräutertees beigemengt. Äußerlich dient sie in Form verschiedener kosmetischer Präparate bei Hautkrankheiten und als haarwuchsförderndes Mittel.

Die Droge wird sowohl aus Wildbeständen als auch von Kulturpflanzen gewonnen. Der Anbau wird vor allem in Belgien, Frankreich und Deutschland betrieben.

Inhaltsstoffe:
Die Droge enthält bis zu 0,15 % eines bisher nicht näher bekannten ätherischen Öls mit ungesättigten Lactonen
Ferner sind auch Bitter-, Schleim- und Gerbstoffe vorhanden

1. Wurzel
2. Knoten mit jungen Blättern und Blüttenkörben

* Arnika, Berg-Wohlverleih
Arnica montana L.

Korbblütengewächse
Asteraceae (Compositae)

In Naturschutzgebieten und/oder Flächenhaften Naturdenkmalen vertreten.

Die ausdauernde, krautige Pflanze fällt durch ihre orangegelben, sich von Juni bis August öffnenden Korbblüten auf. Ihre ursprüngliche Heimat liegt wahrscheinlich in den Pyrenäen. Heute ist sie über ganz Mitteleuropa verbreitet. Man begegnet dem Berg-Wohlverleih in höheren Lagen vor allem auf Bergwiesen, Triften, Waldlichtungen und ausgetrockneten Mooren.

Die Droge hat einen schwach aromatischen Geruch und einen bitteren, scharf würzigen Geschmack. Bedeutend reicher an ätherischem Öl als die Blüten sind die Wurzeln *(Radix arnicae)*.

Die Droge wirkt desinfizierend, magenstärkend und stoffwechselanregend. Sie wird meistens äußerlich in Form von alkoholischen Extrakten und Umschlägen bei entzündeten, eiternden und auch frischen Wunden gebraucht. Die Reizwirkung des ätherischen Öls benutzt man bei Muskel- und Gelenksrheumatismus. Die innerliche Verwendung ist keineswegs gefahrlos. Sollte man die Droge bei Magen-Darm-Störungen anwenden, dann lediglich tropfenweise in Form eines alkoholischen Auszugs (Tinktur) und **unter Beachtung der Vorschriften des Arztes.** Die Droge wird aus Wildbeständen gewonnen.

Lt. Rote Liste der gefährdeten Tiere und Pflanzen bei uns: 3 = gefährdet.

Inhaltsstoffe: Die Droge enthält nicht näher erforschte Flavone und Bitterstoffe sowie ein ätherisches Öl (bis zu 0,3 %) dessen Zusammensetzung ebenfalls unbekannt ist

Blühende Pflanze

* Echte Bärentraube

Arctostaphylos uva-ursi (L.) SPRENG.

Heidekrautgewächse
Ericaceae

In Naturschutzgebieten und/oder Flächenhaften Naturdenkmalen vertreten.

Der immergrüne Zwergstrauch blüht von April bis Juni. Er wächst zerstreut, manchmal auch kleinere zusammenhängende Bestände bildend, in lichten Kiefernwäldern, Gebüschen und auf Felsvorsprüngen und steinigen Abhängen. Man findet ihn in der arktischen und gemäßigten Zone der nördlichen Halbkugel von Mittelgebirgslagen bis zur alpinen Höhenstufe.

Innerlich wird die Droge am häufigsten in Form eines Kaltwasserauszugs oder als Bestandteil von Teemischungen verabreicht. Sie ist ein gutes Unterstützungsmittel in der Behandlung von chronischen Entzündungen der Harnwege. Nach Anwendung von Bärentraubenblättern färbt sich der Harn braun. **Die Droge darf nur nach gründlicher Unstersuchung und unter ärztlicher Kontrolle eingenommen werden,** da es bei Überdosierungen und längerer Behandlung mit dieser Droge zu chronischen Leberleiden kommen kann. Außerdem kann der hohe Gerbstoffgehalt besonders bei Kindern Verstopfung und Erbrechen verursachen. Die Droge stammt aus Wildbeständen.

Lt. Rote Liste der gefährdeten Tiere und Pflanzen bei uns: 2 = stark gefährdet.

Inhaltsstoffe:
Die Droge enthält die Glykoside Arbutin und Methylarbutin (5 bis 10 %) ein Flavonglykosid mit Hyperosid und verhältnismäßig beträchtliche Mengen von Gerbstoffen

1. Blühender Zweig
2. Fruchtender Zweig

Gemeines Hirtentäschel

Capsella bursa-pastoris (L.) MED.

Kreuzblütengewächse
Brassicaceae
(Cruciferae)

Die einjährige überwinternde Pflanze blüht vom zeitigen Frühjahr bis in den Herbst. Ihre ursprüngliche Heimat ist das Mittelmeergebiet. Heute findet man das lästige Unkraut jedoch praktisch in der ganzen Welt. Sein vertikales Verbreitungsgebiet reicht vom Tiefland bis ins Hochgebirge.

Als Droge findet das blühende Kraut einschließlich der grundständigen Blattrosette *(Herba capsellae bursae-pastoris)* Verwendung. Abgeblühte Pflanzen scheiden aus dem Sammelgut aus; eine größere Menge von Früchten darf in der Droge nicht vorkommen. Das Kraut wird bei einer Temperatur bis zu 40 °C getrocknet. Es hat einen scharfen, bitteren Geschmack und einen schwachen, unangenehmen Geruch.

Die in der Droge enthaltenen Wirkstoffe greifen die glatte Muskulatur der Gebärmutter an und erhöhen ihre Zusammenziehung. Größere Mengen dieser giftigen Droge wirken jedoch lähmend auf das Zentralnervensystem.

Hirtentäschelkraut wird in Form von Teeaufgüssen bei Erkrankungen der Harnwege und bei nicht zu starken Gebärmutterblutungen gebraucht. In der Volksheilkunde fand es früher — ohne besonderen Erfolg — zur Abtreibung der Leibesfrucht und als nierensteinabtreibendes Mittel Verwendung. In China wird das Hirtentäschel wegen der grundständigen Blattrosette, die als Gemüse beliebt ist, kultiviert. Die Droge wird ausschließlich aus wildwachsenden Beständen gewonnen.

Inhaltsstoffe:
Die Droge enthält einige biogene Amine, wie insbesondere Cholin Acetylcholin Thyramin Histamin und das Flavonglykosid Diosmin

Im Abblühen begriffene Pflanze

Kümmel

Carum carvi L.

Doldengewächse
Apiaceae
(Umbelliferae)

Einjährige Pflanze. Blütezeit: Mai bis Juli. Häufig auf Wiesen, Weiden, Grasplätzen und Rainen, an Wegen und auf Schuttplätzen von der Ebene bis ins Gebirge der arktischen und gemäßigten Zone Eurasiens.

Als Droge werden die Früchte *(Fructus carvi)* der häufig für Arzneimittel angebauten Pflanze verwendet. Weder bei der Ernte noch bei der Trocknung oder Lagerung besteht ein Unterschied zwischen den für die Lebensmittel- und den für die pharmazeutische Industrie bestimmten Kümmelfrüchten. Die Droge hat den typischen Kümmelgeruch und einen scharfen, würzigen Geschmack. Sie wirkt blähungsverhindernd, magenstärkend, verdauungsanregend und krampflösend sowie milchtreibend.

Kümmelfrüchte werden in verschiedener Form gegen Blähungen und Magenkrämpfe, bei Appetitlosigkeit und Verdauungsstörungen, vor allem in der Kinderheilkunde, benutzt. Auch zur Anregung der Milchsekretion stillender Mütter und als Bestandteil von Brusttees wird die Droge empfohlen. Am häufigsten werden Kümmelfrüchte jedoch als Gewürz in der Lebensmittelindustrie gebraucht. Aus den Früchten wird das Kümmelöl gewonnen. Beide, Früchte und Öl, werden in der Likörindustrie, in der Parfümerie und Kosmetik verwendet.

Feldmäßig wird Kümmel vor allem in Holland und der Sowjetunion, in Ungarn, Deutschland und der Tschechoslowakei angebaut.

Inhaltsstoffe:
3–8 %
ätherisches Öl
das zum
größten Teil
(50–60 %) aus
Carvon besteht
ferner
d-Limonen
Carveol und
Dihydrocarveol

1. Blütenstände
2. Fruchtstand
3. Früchte

* Echtes Tausendgüldenkraut

Centaurium minus MOENCH
* *(Centaurium umbellatum* GILIB.)
* *(Erythraea centaurium* PERS.)

Enziangewächse
Gentianaceae

Die ein- bis zweijährige Krautpflanze blüht von Juli bis September. Sie wächst zerstreut, manchmal auch häufig auf trockenen Hängen, Kahlschlägen und Lichtungen, in lichten Gebüschen, auf Rainen, an Feldrändern und an Wegen von der Ebene bis ins Gebirge, besonders auf kalkarmen, sandigen Böden. Das Verbreitungsgebiet der Pflanze erstreckt sich über fast ganz Europa und verläuft im Osten vom Kaukasus und Kleinasien über den Iran und das Hochland von Pamir bis zum Oberlauf des Ob in Westsibirien.

Die Droge besteht aus dem Kraut *(Herba centaurii)*. Sie ist geruchlos und von bitterem Geschmack. Die in ihr enthaltenen Bitterstoffe wirken anregend auf die Ausscheidungen und Bewegungen im Magen-Darmkanal und verdauungsfördernd.

Die Droge wird innerlich als Aufguß oder besser als Tinktur vor dem Essen bei Appetitlosigkeit, Magenverstimmungen und Verdauungsstörungen, außerdem bei Leberleiden und zu geringer Gallenausscheidung genommen. Sie bildet den wichtigsten Bestandteil der „Bitteren Tinkturen" *(Tinctura amara)* und verschiedener Magentees. Das Tausendgüldenkraut wird auch zur Herstellung von bitteren Kräuterlikören verwendet.

Inhaltsstoffe:
Die Droge enthält ähnliche Bitterstoffglykoside und deren Spaltprodukte wie der Enzian *(Gentiana* L.*)* vor allem Erythaurin Erythrocentaurin und Gentiopikrosid

Blühende Pflanze (zum Sammeln geeigneter Pflanzenteil)

* Isländisches Moos (Flechte)
Cetraria islandica (L.) ACH.

Schlüsselflechten
Parmeliaceae

Der Name ist irreführend. Die Pflanze ist kein Moos, sondern eine Flechte. Sie bildet einen lappenartigen, gabelästig verzweigten, aufsteigenden bis aufrechten, braunen, bei Feuchtigkeit grünbraunen Flechtenkörper *(Thallus)*. Man findet sie häufig, meistens gesellig wachsend, auf trockenen Waldböden, Gebirgsblößen und in der nördlichen Tundra von der Niederung bis ins Gebirge. Ihr Verbreitungsgebiet erstreckt sich über die arktische und gemäßigte Zone der nördlichen Halbkugel.

Als Droge verwendet man den ganzen Flechtenkörper. Die Droge ist steif und schmeckt schleimig bitter. Der Gehalt an Schleim und antibakteriellen Wirkstoffen bestimmt ihre Verwendung als einhüllendes und desinfizierendes Mittel bei Erkrankungen der Atemwege, einschließlich einiger Arten von Tuberkulose.

Die Droge wird innerlich in Form von Aufgüssen oder als Bestandteil von Teemischungen bei Entzündungen der oberen Atemwege und als Zusatzmittel bei einigen Lungenkrankheiten gebraucht. Nach Mitteleuropa wird sie nicht, wie man aus dem Artnamen schließen könnte, aus Island, sondern aus den skandinavischen Ländern und aus Tirol eingeführt.

Lt. Rote Liste der gefährdeten Tiere und Pflanzen bei uns: 3 = gefährdet.

Inhaltsstoffe:
Schleim
die beiden
Flechtensäuren
Cetrarsäure und
Protolicheste-
rinsäure sowie
zahlreiche
Kohlenhydrate
von denen
die wichtigsten
Isolichenin und
Lichenin sind

1, Teile
des Flechten-
körpers:
a) gabelästig
verzweigter
Thallusteil
b) tütenförmiger
am Rande
mit Wimpern
besetzter
Thalluslappen
2. Ganze Pflanze

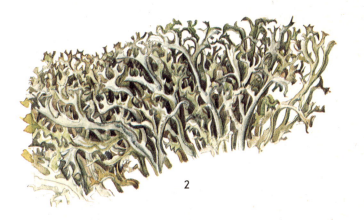

Benediktenkraut

Cnicus benedictus L.

Korbblütengewächse
Asteraceae
(Compositae)

Das einjährige Benediktenkraut blüht im Juni und Juli. Es ist in Südeuropa und im Gebiet, das sich vom Kaukasus über Syrien und den Iran bis nach Afghanistan erstreckt, heimisch. Nach Mitteleuropa, wo es häufig oder zerstreut auf sonnigen, steinigen Hängen, auf Ödland und an Wegrändern vorkommt, sowie in einige Gebiete der Sowjetunion, nach Südafrika, den Süden der Vereinigten Staaten, Chile, Argentinien und Uruguay wurde die Pflanze eingeschleppt und hat sich dort eingebürgert.

Die Droge besteht aus dem Kraut *(Herba cardui benedicti)*, das, bevor sich die Blütenkörbe völlig öffnen, abgeschnitten wird. Die Trocknung erfolgt natürlich im Schatten oder künstlich bei etwa 45 °C. Da die Pflanze stachelig ist, müssen zu den Erntearbeiten Handschuhe angezogen werden. Die Droge ist geruchlos und von bitterem Geschmack. Sie fördert die Ausscheidung von Magensaft und ist ein leicht galletreibendes Mittel. Kleine Gaben wirken lindernd bei Störungen im Bereich der Verdauungsorgane; **größere Gaben verursachen Magenbeschwerden.**

Das Benediktenkraut wird in Form von alkoholischen Auszügen mit Erfolg bei Verdauungsstörungen, Magen- und Darmkoliken verordnet. Es ist ein wichtiger Bestandteil vieler Magentees und alkoholischer Kräuterextrakte sowie einiger Bitterliköre.

Die Droge wird heute vorwiegend von Kulturpflanzen gewonnen. Im Mittelalter gehörte das Benediktenkraut zu den in allen Klostergärten gezogenen Arzneipflanzen.

Inhaltsstoffe:
Die Droge enthält den glykosidischen Bitterstoff Cnicin Gerbstoffe Flavone, Harze und Spuren eines ätherischen Öls und eines Schleimstoffs

1. Blühender Pflanzenteil
2. Blütenstand

* Rundblättriger Sonnentau
Drosera rotundifolia L.

Sonnentaugewächse
Droseraceae

In Naturschutzgebieten und/oder Flächenhaften Naturdenkmalen vertreten.

Die ausdauernde, insektenfressende Krautpflanze blüht von Juni bis August. Sie wächst zerstreut auf moorigen Wiesen, in torfigen Sümpfen, in Gräben, auf nassen Felsen und am Ufer stehender Gewässer auf nährstoffarmen, meist vollkommen kalkfreien Böden vom Tiefland bis in Mittelgebirgshöhen, vereinzelt auch bis in die subalpine Stufe. Ihr horizontales Verbreitungsgebiet umfaßt die arktische und gemäßigte Zone der nördlichen Halbkugel.

Die Droge besteht aus dem Kraut *(Herba droserae rotundifoliae)*. Die Droge ist geruchlos und schmeckt bitter und zusammenziehend. Sie wirkt harntreibend, auswurffördernd und setzt den Blutzuckergehalt herab.

Der Sonnentau wird innerlich als Aufguß, Tinktur oder Bestandteil von Teemischungen bei Keuchhusten, Krampf- und Kitzelhusten, Asthma und Bronchialkatarrh verordnet. In der Volksmedizin wird das Kraut als Mittel gegen Alterskrankheiten, vor allem gegen Arterienverkalkung und hohen Blutdruck geschätzt. Der eingehenderen Erforschung der Droge steht die Tatsache im Wege, daß sie verhältnismäßig selten in den Handel kommt.

Die Droge wird lediglich aus Wildbeständen gewonnen.

Lt. Rote Liste der gefährdeten Tiere und Pflanzen bei uns: 3 = gefährdet.

Inhaltsstoffe:
Sie wurden bislang noch nicht mit Sicherheit festgestellt
Man nimmt an daß es sich um einen Komplex von Wirkstoffen und vielleicht auch um phytonzide Substanzen handelt

Blühende Pflanze. Die grundständigen Blätter sind mit auffallenden Drüsen besetzt

Ackerschachtelhalm
Equisetum arvense L.

Schachtelhalmgewächse
Equisetaceae

Die mehrjährige Pflanze treibt im März oder April rotbraune, fruchtbare Frühlingssprosse und im Mai oder Juni grüne, unfruchtbare Sommersprosse. Der Ackerschachtelhalm ist über die kalte und gemäßigte Zone der nördlichen Halbkugel verbreitet. Man begegnet ihm auf feuchten lockeren Böden, Bahndämmen und in Gräben, auf Äckern und in Gärten.

Für Arzneimittel werden nur die grünen, unfruchtbaren Sommersprosse *(Herba equiseti)* verwendet; sie können von Mai bis September gesammelt werden. Das Sammelgut trocknet man an luftigen und schattigen Orten bei natürlicher Wärme oder in Trockenanlagen bei mäßiger Temperatur (bis 40 °C). Nicht gut getrocknetes Kraut wird leicht von Schimmel befallen. Die Droge ist geschmack- und geruchlos. Sie wirkt harntreibend, desinfizierend und zusammenziehend. **Größere Gaben verursachen Unwohlsein.**

Die Droge wird als Bestandteil harntreibender Tees gebraucht. Bei inneren Blutungen und bei einigen Arten von Lungentuberkulose wird Schachtelhalmtee als Zusatzmedikament empfohlen. **Eine Überwachung durch den Arzt ist unbedingt erforderlich!** Äußerlich wird die Drogenabkochung zu Bädern und Umschlägen bei schlecht heilenden Wunden und Geschwüren benutzt. Sie stammt ausschließlich aus Wildbeständen. Beim Sammeln muß man vor möglichen Verwechslungen mit dem Waldschachtelhalm *(Equisetum silvaticum L.)* und dem Wiesenschachtelhalm *(Equisetum pratense* Ehrh.*)* achtgeben, **da die beiden letztgenannten giftig sind.**

Inhaltsstoffe:
Saponine (Equisetonin, Equisetogenin) Flavone (Quercetin Luteolin) und bis zu 10 % Kieselsäure

1. Unfruchtbarer Sommersproß
2. Fruchtbarer Frühlingsproß

Gemeiner Augentrost
Euphrasia officinalis L.

Braunwurzgewächse
Scrophulariaceae

Die einjährige, stark abändernde Art ist in Mitteleuropa heimisch. Besonders häufig findet man sie auf feuchten Wiesen und Mooren im Vor- und Mittelgebirge. Blütezeit: Mai bis Oktober.

Die Droge besteht aus dem blühenden Kraut *(Herba euphrasiae)*, das im Sommer und Herbst gesammelt, in dünner Lage ausgebreitet und bei natürlicher Wärme getrocknet wird. Bei künstlicher Trocknung soll die Temperatur etwa 40 °C betragen. Beim Trocknen darf sich die Farbe der Frischdroge nicht verändern. Die Droge ist geruchlos und hat einen bitteren Geschmack. Sie wirkt zusammenziehend und entzündungshemmend. Die Droge wird vorwiegend äußerlich zu Umschlägen oder in Form von wäßrigen Auszügen zu Augenbädern bei Augenentzündungen angewendet. Hin und wieder wird der Teeaufguß gegen Magenschwäche, Verdauungsstörungen und Gallenkoliken eingenommen.

Die Droge gewinnt man ausschließlich aus Wildbeständen. Der Gemeine Augentrost ist eine Sammelart, d.h. er umfaßt eine Gruppe selbständiger, miteinander nah verwandter und untereinander bastardierender Arten.

Inhaltsstoffe: Sie sind bisher nur wenig bekannt. Es wird angenommen daß die Wirkstoffe aus Gerbstoffen desinfizierend wirkenden Harzen und aus dem Glykosid Aucubin bestehen

Blühende Pflanze (zum Sammeln geeigneter Pflanzenteil)

* Gelber Enzian

Gentiana lutea L.

Enziangewächse
Gentianaceae

In Naturschutzgebieten und/oder Flächenhaften Naturdenkmalen vertreten.

Die ausdauernde Krautpflanze wächst meistens gesellig, seltener zerstreut auf Weiden, gedüngten Wiesen, Schuttplätzen, felsigen Hängen und im Gebüsch von der montanen bis zur alpinen Höhenstufe, vorwiegend auf kalkhaltiger Unterlage. Ihr Siedlungsgebiet umfaßt die Gebirge Südwest-, Süd-, Mittel- und Südosteuropas und den westlichen Teil von Kleinasien sowie Korsika und Sardinien. Blütezeit: Juni bis August.

Die Droge besteht aus den Wurzeln *(Radix gentianae)*. Die trockene Droge ist gelbbraun und an den Bruchstellen hellgelb gefärbt. Sie hat einen eigenartigen, angenehmen Geruch und schmeckt anfangs süßlich und dann sehr bitter. Die in der Droge enthaltenen Bitterstoffe fördern die Ausscheidung von Magensaft und wirken dadurch appetitanregend. Sie regulieren die Verdauung und reinigen das Blut.

Die Droge wird innerlich in Form von Aufgüssen, Tinkturen und Extrakten bei Appetitlosigkeit und Verdauungsstörungen und als Wurmmittel sowohl in der Human- als auch in der Tiermedizin gebraucht. Bekannt ist die vielseitige Verwendung der Wurzel zur Herstellung von Bitterlikören und Aperitifs.

Lt. Rote Liste der gefährdeten Tiere und Pflanzen bei uns: 3 = gefährdet.

Inhaltsstoffe:
Die Droge enthält etwa 2 % Gentiopikrin und andere Bitterstoffe ferner Gerbstoffe Schleim und Zucker (Gentianose Gentiobiose)

1. Wurzelstock
2. Blühender Stengel

Tüpfel-Johanniskraut
Hypericum perforatum L.

Hartheugewächse
Hypericaceae

Die ausdauernde, stark abänderliche Kraut-pflanze wächst häufig in lichten Wäldern, auf Waldblößen, buschigen Hängen, Felsen, Rainen, trockenen Wiesen und Weiden, in Heidegebieten, an Flußufern und Wegen sowie auf Brachen vom Flachland bis in die subalpine Höhenstufe. Sie ist über die gemäßigte Zone Europas und Westasiens verbreitet, kommt auch in Nordafrika und auf den Kanarischen Inseln vor. Blütezeit: Mai bis September.

Als Droge findet das Kraut *(Herba hyperici)* Verwendung. Wenn die Pflanze zu blühen beginnt, wird sie mit einer Schere abgeschnitten. Nicht gesammelt werden die unteren Stengelteile und bereits abblühende Pflanzen. Die Droge darf außerdem keine Früchte enthalten. Das Sammelgut wird in dünner Schicht zum Trocknen ausgebreitet oder in Bündeln an einer Leine getrocknet. Es kann auch künstlich bei etwa 40 °C getrocknet werden. Die Droge hat einen schwach aromatischen Geruch und einen etwas bitteren Geschmack. Sie wirkt stoffwechselanregend, galletreibend, entzündungshemmend, nervenberuhigend und den Kreislauf verbessernd, auch als bewährtes Wundmittel.

Johanniskraut wird innerlich in Form von Aufgüssen und Fertigpräparaten bei Magen- und Darmkatarrhen, Durchfall, Appetitlosigkeit, Depressionen und unruhigem Schlaf verordnet. Äußerlich wird es am häufigsten in Form von öligen Auszügen zur Heilung von Wunden, Hämorrhoiden und Verbrennungen angewendet. Die Droge stammt aus Wildbeständen.

Inhaltsstoffe: Die Droge enthält den Farbstoff Hypericin, die Flavonole Hyperosid, Rutin und Quercitrin etwa 10 % Gerbstoffe und 0,1 % ätherisches Öl in dem olefinische Terpene Pinen und Sesquiterpene gefunden wurden

Zum Sammeln geeignetes blühendes Kraut

Echter Ysop

Hyssopus officinalis L.

Lippenblütengewächse
Lamiaceae
(Labiatae)

Der Halbstrauch wächst auf trockenen, sonnigen Fels- und Schutthängen, vorwiegend auf kalkhaltigem Untergrund. Sein ursprüngliches Verbreitungsgebiet reicht von Spanien bis zum Kaspischen Meer und dem Nordiran. In anderen Gegenden, unter anderem auch in Deutschland und überall dort, wo Weinbau betrieben wird, kommt er hin und wieder verwildert vor. Blütezeit: Juni bis August.

Das im Juli und August gesammelte blühende Kraut *(Herba hyssopi)* wird an einem schattigen Ort in dünner Lage zum Trocknen ausgebreitet oder in Bündeln an einer Leine getrocknet. Bei künstlicher Trocknung soll die Temperatur etwa 40 °C betragen. Die Droge riecht würzig und schmeckt bitter. Sie hat ähnliche Wirkungen wie die Echte Salbei. Sie hemmt die Schweißsekretion und bringt Erleichterung bei starkem Husten, Heiserkeit und Verschleimung.

Ysopkraut wird vor allem in der Volksheilkunde in Form von Aufgüssen bei übermäßiger Schweißabsonderung, bei Husten, Verdauungsstörungen und als krampflösendes und verdauungsförderndes Mittel innerlich angewendet. Äußerlich dient der Aufguß als Gurgelwasser. Aus der Droge wird ein ätherisches Öl destilliert, das ähnliche Verwendung findet. **Zu große Dosen können Krämpfe verursachen.** Sowohl das frische wie auch das getrocknete Kraut wird als Küchengewürz benutzt. Das ätherische Öl ist Bestandteil einiger Gewürzessenzen. Die Droge wird aus Wildbeständen und auch aus Kulturen gewonnen.

Inhaltsstoffe:
0,2 — 1 % ätherisches Öl dessen Hauptbestandteile — abgesehen von Sesquiterpenen und ihren Alkoholen — Pinene sind ferner etwa 8 % Gerbstoffe, das Flavonglykosid Diosmetin und andere bisher noch nicht erforschte Substanzen

1. Blühende Pflanze
2. Blüte

Echter Alant
Inula helenium L.

Korbblütengewächse
Asteraceae
(Compositae)

Die ausdauernde, krautige Pflanze ist wahrscheinlich in Zentralasien heimisch. In einer Reihe europäischer Länder sowie in Kleinasien, Japan und Nordamerika findet man sie verwildert in Auen, unter Ufergebüsch, an Waldrändern, in Gräben und auf feuchten Wiesen. Blütezeit: Juni bis Oktober. Die Droge besteht aus dem Wurzelstock und Wurzelwerk *(Radix helenii)*, die bei feldmäßigem Anbau im September oder Oktober des zweiten Jahres herausgepflügt, gewaschen, in Stücke gespalten und bei künstlicher Wärme von etwa 45 °C getrocknet werden. Die Droge hat einen würzigen Geruch und bitteren Geschmack. Das in ihr enthaltene ätherische Öl regt die Ausscheidungen der Magen- und Darmdrüsen an und wirkt harn- und wurmtreibend.

Alantwurzeln werden innerlich in Form von Aufgüssen, Teemischungen und Fertigpräparaten als beruhigendes Mittel bei starkem Husten, ferner als stoffwechselförderndes Mittel bei Magen- und Darmkatarrhen und als Unterstützungsmedikament bei Zuckerkrankheit angewendet. Als Wurmmittel wird die Droge in Kombination mit Santonin verschrieben. Sie ist auch ein Bestandteil von galletreibenden Teemischungen. Große Gaben führen zu starkem Erbrechen. Abkochungen werden äußerlich bei schlecht heilenden Wunden zu Umschlägen und bei Zahnfleischentzündungen als Gurgelwasser benutzt. Das ätherische Öl findet in der Pharmazie und auch in der Parfümerie Verwendung. Die Droge wird anbaumäßig in Holland, Belgien, Frankreich, Deutschland, Jugoslawien, Polen, Ungarn und den Vereinigten Staaten gewonnen.

Inhaltsstoffe:
1 − 3 %
ätherisches Öl
das sich aus
Alantolacton
Isoalantolacton
und
Dihydro-
isoalantolacton
zusammensetzt
Die Stoffe
bilden bei
normaler
Lufttemperatur
ein festes
ätherisches
Öl, das
kampferartige
Helenin

1. Blühende
Pflanzenspitze
2. Wurzelstock

Weiße Taubnessel
Lamium album L.

Lippenblütengewächse
Lamiaceae
(Labiatae)

Die ausdauernde, krautige Pflanze ist ursprünglich wahrscheinlich in der gemäßigten Zone Europas und Asiens heimisch; nach Amerika wurde sie verschleppt und hat sich dort eingebürgert. In Mitteleuropa findet man sie häufig auf Schuttplätzen, Ödland, an Hekken, Zäunen und Wegen von der Ebene bis in die subalpine Höhenstufe. Blütezeit: Juni bis September.

Die Droge besteht aus den weißen Blütenkronen *(Flos lamii)*. Beim Sammeln ohne den grünen Kelch dürfen die Blütenblätter nicht gedrückt werden, da sie sonst ihre ursprüngliche Farbe verlieren. Das Trocknen muß so rasch wie möglich, am besten bei künstlicher Wärme von etwa 40 °C geschehen. Natürliches Trocknen muß immer im Schatten vorgenommen werden. Die Droge muß trocken und in gut verschlossenen Gefäßen aufbewahrt werden, da sie sonst durch den Feuchtigkeitsgehalt der Luft leicht braun wird und ihre Wirksamkeit einbüßt. Sie ist von schwach honigartigem Geruch und etwas bitterem Geschmack.

Taubnesselblüten wirken entzündungshemmend, desinfizierend und schwach harntreibend. Sie werden als Bestandteil von Teeaufgüssen bei Verdauungsstörungen und Erkältungskrankheiten angewendet. Die Volksmedizin empfiehlt den Tee als blutreinigendes Mittel und bei Prostataerkrankungen. Abkochungen werden zu Bädern und kühlenden Umschlägen bei schlecht heilenden Wunden und Geschwüren verwendet. Die Droge wird ausschließlich wildwachsend gesammelt.

Inhaltsstoffe:
Die Droge enthält Schleim und Gerbstoffe sowie bisher noch wenig bekannte glykosidenartige Substanzen wahrscheinlich Saponine

Blühende Pflanze

Echter Lavendel

Lavandula angustifolia P. MILL.

Lippenblütengewächse
Lamiaceae
(Labiatae)

Der kleine Halbstrauch stammt aus dem westlichen Mittelmeergebiet, Norditalien und der Balkanhalbinsel. Durch den Anbau wurde er über große Teile Europas und Nordamerikas verbreitet. Häufig wird er auch als Zierpflanze gezogen. Blütezeit: Juli und August.

Als Droge werden die ganzen Blüten, einschließlich des Kelchs *(Flos lavandulae)* verwendet. Gesammelt werden die blühenden Zweigspitzen, wenn der mittlere Teil der Ähre blüht. Sie werden zunächst bei etwa 40 °C oder am besten bei natürlicher Wärme im Schatten getrocknet. Dann werden die Blüten von den Stengeln abgerebelt und sämtliche Blatt- und Stengelreste aussortiert und entfernt. Die Droge muß die ursprüngliche violette Farbe beibehalten. Sie hat einen eigentümlichen, würzigen Geruch und einen etwas bitteren Geschmack. Lavendelblüten sind ein mildes Nervenmittel. Nicht eindeutig bewiesen sind die angeblich günstigen Auswirkungen der Droge auf die Verdauungs- und Ausscheidungsorgane. Bei äußerem Gebrauch wirkt Lavendelöl hautreizend.

Innerlich wird die Droge als nervenberuhigendes Mittel bei Aufregungszuständen, Schlaflosigkeit und Migräne verordnet. Das Öl wird zu Einreibungen bei Rheuma, Gicht und Ischias benutzt. Es wird durch Wasserdampfdestillation gewonnen und findet auch in der Parfümerie vielseitige Verwendung.

Die Droge stammt teils aus Wildbeständen, teils aus Kulturen. Sie wird in Frankreich, in Italien, Jugoslawien, England, Ungarn, Bulgarien, der Sowjetunion und in anderen Ländern feldmäßig angebaut.

Inhaltsstoffe:
1−2 % ätherisches Öl das zu 30−60 % aus Linalylazetat besteht und Gerbstoffe

Teil eines blühenden Lavendel-büschels

Saatlein, Flachs

Linum usitatissimum L.

Leingewächse
Linaceae

Das ein- bis zweijährige Kraut ist eine Kultur-pflanze. Seine Stammform dürfte der im Mittelmeergebiet beheimatete ausdauernde oder zweijährige Schmalblättrige Lein (L. *angustifolium* Huds.) sein. Zuerst wurde der Lein wahrscheinlich in Vorderasien in Kultur genommen. Blütezeit: Juni bis September.

Für pharmazeutische Zwecke wird der Leinsamen *(Semen lini)* geerntet. Das Erntegut wird nach dem Dreschen gereinigt und nachgetrocknet. Die Droge ist geruchlos und beim Zerbeißen schleimig mit mildem, öligem Geschmack. Sie wirkt leicht abführend, schmerzlindernd und entzündungshemmend. In der Arzneikunde wird sie gemeinsam mit anderen Ölen ähnlicher Zusammensetzung zu den F-Vitaminen gezählt. Die Wirkstoffe sind ungesättigte Ölsäuren mit mehr als zwei Doppelbindungen im Molekül. Das Vitamin F übt eine günstige Wirkung auf Ausschläge, Brandwunden, Schuppenflechten und andere Hautkrankheiten aus.

Die Droge wird in Form eines gefilterten Kaltwasserauszugs als mildes Abführmittel und als Unterstützungsmedikament bei entzündlichen Erkrankungen der Atmungsorgane und des Magen-Darmkanals sowie der Harnwege verordnet. Der aus zerstoßenen Leinsamen und Wasser bereitete Brei wird zu Umschlägen bei eiternden Wunden und entzündlichen Hautkrankheiten angewendet. Auch zur Herstellung von Firnis wird Leinöl verwendet. In erster Linie liefert die Pflanze jedoch Spinnfasern für die Textilindustrie.

Inhaltsstoffe:
Leinsamen enthalten bis zu 6 % Schleim 30—40 % Öl Proteine und cyanogene Glykoside

Blühende Pflanze

Mauretanische Wildmalve

Malva silvestris L. subsp. *mauritiana* (L.) A. et G R.

Malvengewächse
Malvaceae

Das ursprüngliche Verbreitungsgebiet der zweijährigen bis ausdauernden Krautpflanze erstreckt sich vom südlichen Mittelmeergebiet bis ins subtropische Asien. In Mitteleuropa wird die Mauretanische Wildmalve vor allem in Bauerngärten als Zierpflanze gezogen und manchmal verwildert sie stellenweise. Blütezeit: Mai bis Oktober.

Als Drogen werden die Blätter *(Folium malvae mauritianae)* und die Blüten ohne Blütenstiele *(Flos malvae mauritianae)* verwendet. Blätter und Blüten werden von Juni bis September bei trockenem Wetter geerntet und rasch zur Trocknung gebracht, die am besten künstlich bei etwa 40 °C erfolgt. Die Blütendroge hat nach dem Trocknen eine dunkelblaue Farbe. Von Rost befallene Blätter müssen, wie beim Echten Eibisch *(Althaea officinalis* L.*)* und bei den anderen Malvengewächsen, entfernt werden. Die Drogen sind geruchlos und schmecken fade und schleimig. Sie wirken reizmildernd, entzündungshemmend und erweichend.

Die Drogen werden innerlich in Form von Auszügen oder als Bestandteil von Brusttees bei Husten und Entzündungen der oberen Atemwege verabreicht. Äußerlich werden sie als Badezusatz, Gurgelwasser und als erweichendes Mittel zum Auflegen auf Geschwüre und Furunkel benutzt. Ihr Anwendungsgebiet deckt sich mit dem der Eibischdrogen. Die Malvendrogen werden ausschließlich von Kulturpflanzen gewonnen. Der Anbau wird in erster Linie in Belgien, Frankreich, Deutschland und den Ländern Südost- und Osteuropas betrieben.

Inhaltsstoffe:
Die Blattdroge enthält einen Schleimstoff unbekannter Zusammensetzung und wenig Gerbstoffe
In der Blütendroge befindet sich der Anthocyanifarbstoff Malvin (ein Syringidin-Diglukosid)

1. Stengelteil mit Blüten
2. Zum Sammeln geeignete Blätter
3. Spaltfrucht

92

Echter Andorn

Marrubium vulgare L.

Lippenblütengewächse
Lamiaceae
(Labiatae)

Ausdauernde Krautpflanze. Blütezeit: Juni bis September. Die Pflanze kommt zerstreut bis häufig auf trockenen Weiden, Magerwiesen, Schutthalden, in Gebüschen und an Wegen von der Ebene bis ins Vorgebirge, vorwiegend in wärmeren Lagen vor. Das ursprüngliche Verbreitungsgebiet des Echten Andorns erstreckt sich vom Mittelmeer bis nach Zentralasien.

Die Droge ist schwach aromatisch und von bitterem Geschmack. Das in ihr enthaltene Marubiin wirkt appetitanregend und schleimlösend. Es reguliert vielleicht auch unregelmäßige oder beschleunigte Herztätigkeit.

Aus der Droge wird ein Aufguß bereitet, der innerlich bei Bronchialkatarrh und anderen Erkrankungen der Atemwege sowie bei Verdauungsstörungen, besonders Magen-, Darm- und Gallenbeschwerden, angewendet wird. Die Wirkung ist jedoch meistens undeutlich und nicht spezifisch. Heute findet die Droge besonders in der Volksheilkunde Verwendung. Früher wurde der Echte Andorn, der im Volksmund auch Antonitee genannt wird, ausschließlich wildwachsend gesammelt; neuerdings wird er angebaut bzw. importiert.

Lt. Rote Liste der gefährdeten Tiere und Pflanzen bei uns: 1 = vom Aussterben bedroht.

Inhaltsstoffe: Die Droge enthält den Bitterstoff Marubiin (nach neuen Forschungsergebnissen ein Diterpenoidlacton) Gerbstoffe ein nicht näher bekanntes ätherisches Öl und Schleim

Blühende Pflanze

Echte Kamille

Matricaria chamomilla L.
(Matricaria recutita L.*)*

Korbblütengewächse
Asteraceae
(Compositae)

Einjähriges, oft zweimal im Jahr blühendes Kraut. Blütezeit: Mai bis September. Häufig auf Feldern, Brachen, Schutthalden, Dorfplätzen, an Wegen und Mauern, besonders in wärmeren Lagen. Von Südosteuropa bis Südwestasien ist die Echte Kamille heimisch.

Gesammelt werden die Blütenstände (Blütenköpfchen), die man meistens einfach „Kamillenblüten" *(Flos chamomillae vulgaris)* nennt. Das Pflücken soll bei trockenem, sonnigem Wetter vorgenommen werden, wenn etwa die Hälfte der Blütenköpfchen aufgeblüht ist, so daß die weißen, zungenförmigen Randblüten waagrecht abstehen und nicht nach unten zurückgeschlagen sind. Die Stengel der Blütenköpfe sollen nicht länger als 2 cm sein. Das Sammelgut wird in dünner Schicht bei natürlicher Wärme im Schatten oder in Trockenkammern bei einer Temperatur bis zu 40 °C getrocknet. Die Droge ist stark aromatisch und von bitterlich würzigem Geschmack. Sie hat entzündungshemmende, desinfizierende und krampflösende Wirkung. Einige Begleitstoffe sind schweißtreibend.

Aus der Droge wird ein Aufguß bereitet, der vielseitige innerliche und äußerliche Verwendung findet. Innerlich wird er vor allem gegen Verdauungsstörungen (auch bei Säuglingen), als Bestandteil von magen- und galletreibenden Tees und bei Erkältungskrankheiten gebraucht. Man benutzt den Aufguß auch zu Spülungen, Umschlägen und Bädern. Die Echte Kamille spielt eine bedeutende Rolle in der Heilkosmetik, in der außer der Droge auch das ätherische Öl verwendet wird. Sie wird jetzt auch feldmäßig angebaut.

Inhaltsstoffe: Die Droge enthält bis über 1 % ätherisches Öl, dessen heilkräftigste Bestandteile das blaue Chamazulen und angeblich auch das Bisabolol sind

1. Blühende Pflanze
2. Längsschnitt durch den Blütenkorb Charakteristisch ist der hohle Blütenboden

Zitronenmelisse

Melissa officinalis L.

Lippenblütengewächse
Lamiaceae
(Labiatae)

Die ausdauernde, krautige, häufig kultivierte Pflanze war ursprünglich vom östlichen Mittelmeergebiet über den Kaukasus und Persien bis Westsibirien verbreitet. Im westlichen Mittelmeergebiet und in den südlichen Alpentälern ist sie eingebürgert; man findet sie hier in Hecken, an Mauern, in Weingärten und auf Schuttplätzen von der Ebene bis ins Hügelland. Blütezeit: Juni bis August.

Pharmazeutisch verwendet werden die Blätter *(Folium melissae)* und das Kraut *(Herba melissae)*. Beide werden kurz vor der Blüte, im Juni und Juli bei trockenem Wetter gesammelt. Das Sammelgut wird in dünner Lage ausgebreitet und im Schatten getrocknet. Bei künstlicher Trocknung sollte eine Temperatur von 40 °C nicht überschritten werden. Die Drogen haben einen Zitronengeruch und schmecken angenehm würzig. Sie sind wasseranziehend. Melissenblätter und -kraut wirken beruhigend, nervenstärkend und belebend; sie haben auch krampflösende Wirkung, vor allem bei Krämpfen, die als Begleiterscheinung nervöser Störungen oder seelischer Verstimmungen auftreten. Ähnlich wirken sie auch bei Krampfzuständen der Unterleibsorgane.

Die Melissendroge wird innerlich in Form von Aufgüssen oder alkoholischen Auszügen in Kombination mit anderen Drogen bei Unruhe, Schlaflosigkeit, Überreizung, Verdauungsbeschwerden und Herzklopfen verordnet. Äußerlich benutzt man sie als Badezusatz und zu Einreibungen bei Rheuma. Das frische Kraut oder die Droge werden auch als Gewürz und zur Erzeugung von Likören (Chartreuse) verwendet.

Inhaltsstoffe: Die frische Pflanze enthält etwa 0,1 % nichtbeständiges ätherisches Öl, das sich schnell verflüchtigt Seine Hauptbestandteile sind Geraniol Linalool Citronellol Citronellal und Citral. Ferner enthält die Droge etwa 5% Gerbstoffe

1. Blühende Pflanzenspitze
2. Blüte

* Fieberklee

Menyanthes trifoliata L.

Fieberkleegewächse
Menyantheaceae

In Naturschutzgebieten und/oder Flächenhaften Naturdenkmalen vertreten.

Die ausdauernde, krautige Pflanze wächst zerstreut bis häufig auf sumpfigen Wiesen, in Mooren, Gräben und an Teichufern von der Ebene bis ins Gebirge. Stellenweise findet man sie auch gesellig wachsend in reinen Beständen. Ihr Verbreitungsgebiet umfaßt die gemäßigte Zone der nördlichen Halbkugel und reicht im Osten bis Japan, im Süden bis zum Himalaja und in Nordamerika entlang der Kordilleren bis nach Kalifornien im Süden. Blütezeit: Mai und Juni (im Gebirge bis August).

Die Droge ist geruchlos und schmeckt stark bitter. Sie wirkt kräftigend, anregend auf die Sekretion der Magendrüsen und belebend.

Fieberkleeblätter werden innerlich als Pulver, Aufguß, Auszug oder Tee zum Regulieren der Leber- und Gallentätigkeit sowie bei Appetitlosigkeit gegeben. Der Verwendungsbereich deckt sich mit dem der Enzianwurzeln und des Tausendgüldenkrauts.

Die Droge wird ausschließlich aus Wildbeständen gesammelt. Versuche mit der Anzucht in Halbkulturen auf natürlichen Standorten haben gute Ergebnisse gezeigt.

Inhaltsstoffe: Die Droge enthält glykosidisch gebundene Bitterstoffe Loganin ferner Foliamenthin Swerosid und Menthiafolin dann Gerbstoffe und Flavonverbindungen

Lt. Rote Liste der gefährdeten Tiere und Pflanzen bei uns: 3 = gefährdet.

Blühende
Pflanze

Pfefferminze

Mentha × *piperita* L. =
Mentha aquatica L. × *Mentha spicata* (L.)
HUDS.

Lippenblütengewächse
Lamiaceae
(Labiatae)

Die ausdauernde, krautige Pfefferminze ist ein an einem unbekannten Ort entstandener Bastard. In Europa, Süd- und Ostasien sowie in Amerika und in Australien wird die Pflanze häufig angebaut. Blütezeit: Juni bis August.

Als Droge dienen die Blätter *(Folium menthae piperitae)* und das nichtblühende Kraut *(Herba menthae piperitae)*. Von Pfefferminzrost *(Puccinia menthae* Pers.*)* befallene oder von Insekten angebissene Blätter und Triebe scheiden vom Sammelgut aus. Geerntet wird vor Beginn der Blüte. Das Trocknen erfolgt im Schatten oder bei mäßiger Wärme (bis zu 40 °C in Trockenanlagen). Die Droge wird am besten in Pappschachteln oder Säcken aufbewahrt; Plastikbehälter dürfen nicht verwendet werden, da Kunststoffe das ätherische Öl absorbieren. Die Droge riecht angenehm nach Menthol und hat einen kühlenden Geschmack. Sie wirkt verdauungsfördernd, krampfstillend, galle- und windtreibend.

Pfefferminzkraut und -blätter werden innerlich in Form von Aufgüssen oder als Bestandteil von Tees bei Unterleibsschmerzen, Magen- und Darmkatarrhen, Blähungen, Gallenkolik und Krämpfen und äußerlich als Badezusatz bei Hautausschlägen mit nervöser Ursache verordnet. Aus der Droge wird das Pfefferminzöl gewonnen, das in zahlreichen Fertigpräparaten enthalten ist und stark galletreibend, krampflösend und entzündungshemmend wirkt. Es wird auch verschiedenen Zahnpasten und Mundwassern zugesetzt und findet schließlich auch in der Likörindustrie und Zuckerbäckerei Verwendung. Die Droge wird ausschließlich anbaumäßig gewonnen.

Inhaltsstoffe:
Die Droge enthält Gerb- und Bitterstoffe und bis zu 2 % ätherisches Öl das zu mehr als 50 % aus Menthol besteht. Weitere Inhaltsstoffe des ätherischen Öls sind Menthon (wenig) Phellandren Pinen Cineol und weitere Stoffe

Blühende Pflanze

Dornige Hauhechel

Ononis spinosa L.

Schmetterlingsblütler
Fabaceae
(Papilionaceae)

Die ausdauernde, krautige Pflanze wächst zerstreut auf trockenen, sonnigen Hängen, Weiden, Triften, Rainen, an Waldrändern sowie am Rande von Wegen und Feldern, vorwiegend auf Kalkböden vom Tiefland bis ins Vorgebirge. Sie ist über fast ganz Europa mit Ausnahme der südlichen, nördlichen und nordöstlichen Gebiete und der Hochgebirge verbreitet und kommt auch in Westasien und Nordafrika vor. Die ziemlich veränderliche Art blüht von Juni bis September.

Als Droge dienen die Wurzeln *(Radix ononidis);* man sammelt sie meistens im Herbst. Nach gründlichem Reinigen wird das Sammelgut schnell bei einer Temperatur bis zu 45 °C getrocknet. Der Geruch der Droge erinnert an Süßholz; ihr Geschmack ist süßlich und kratzend. Sie wirkt harntreibend, blutreinigend, schleimlösend und auswurffördernd.

Hauhechelwurzeln werden innerlich als Aufguß oder Bestandteil von Teemischungen bei Stoffwechselbeschwerden, Blasenentzündungen, Gelenksrheumatismus und Gicht, äußerlich als Badezusatz bei chronischen Hautkrankheiten verordnet.

Das Sammeln aus Wildbeständen ist ziemlich schwierig, da die Wurzeln fest im Boden verankert sind. Man hat daher mit der feldmäßigen Kultur begonnen, bei der die Wurzeln der zwei- oder dreijährigen Hauhechelpflanzen ausgeackert werden. Der Anbau wird vor allem in der Sowjetunion betrieben. Der Drogengewinnung dienen außer der Dornigen Hauhechel auch andere, vor allem die dornlosen Arten der Gattung *Ononis* L.

Inhaltsstoffe:
Kleinere Mengen eines ätherischen Öls unbekannter Zusammensetzung
Isoflavon-Glykoside Ononin, Ononid und andere bisher wenig erforschte Stoffe

1. Wurzelschema
2. Blühender Zweig

Gemeiner Dost
Origanum vulgare L.

Lippenblütengewächse
Lamiaceae
(Labiatae)

Die ausdauernde, krautige Pflanze findet man häufig auf sonnigen Hängen, trockenen Magerwiesen und Waldblößen, in Gebüschen und in lichten Wäldern vom Tiefland bis ins Mittelgebirge, besonders in wärmeren Gegenden. Sie ist über fast ganz Europa verbreitet; im Osten erstreckt sich ihr Siedlungsgebiet über Vorderasien und den Iran bis zum Himalaja. Blütezeit: Juli bis September.

Das blühende Kraut *(Herba origani vulgaris)* wird etwa 5 cm über dem Erdboden abgeschnitten, in dünner Schicht zum Trocknen ausgelegt und im Schatten oder bei künstlicher Wärme bis zu 45 °C getrocknet. Die Droge riecht angenehm aromatisch und hat einen würzigen, etwas zusammenziehenden Geschmack. Ihre Inhaltsstoffe wirken verdauungsanregend, krampflösend, desinfizierend im Darmbereich, schleimlösend und entzündungshemmend.

Die Droge wird innerlich in Form eines Aufgusses bei Verdauungsstörungen empfohlen. Ihre desinfizierenden und antibakteriellen Eigenschaften nutzt man bei hartnäckigem Husten und bei Erkrankungen der oberen Atemwege. Äußerlich benutzt man das Dostenkraut zu Bädern, zum Gurgeln und zu Inhalationen. In der Lebensmittelindustrie findet die Droge als Gewürz bei der Herstellung von Selchwaren und Salaten Verwendung. Schließlich spielt sie auch in der Kosmetik und in der Seifenindustrie eine gewisse Rolle. Das durch Destillation gewonnene ätherische Öl findet die gleiche Verwendung wie die Droge selbst.

Inhaltsstoffe:
Die Droge enthält etwa 0,5 % ätherisches Öl dessen Hauptbestandteile nach älteren Angaben Thymol und Karvakrol sind sowie Bitter- und Gerbstoffe Nach neueren Berichten soll das ätherische Öl ein Gemisch von etwa 20 monoterpenischen Kohlenwasserstoffen Alkoholen und Estern sein

1. Blühende Pflanze
2. Blüte

Schlafmohn

Papaver somniferum L.

Mohngewächse
Papaveraceae

Die einjährige, krautige Pflanze ist ein altes Kulturgewächs. Die ursprüngliche Heimat der Mohnkultur ist wahrscheinlich Vorderasien. In der gemäßigten Zone der nördlichen Halbkugel wird Schlafmohn feldmäßig als öllievernde Pflanze, im Mittelmeergebiet und im subtropischen Teil Asiens bis nach China und Japan dagegen als Heilpflanze und zur Opiumgewinnung angebaut.

Zu pharmazeutischen Zwecken werden der Milchsaft angeritzter, unreifer Mohnkapseln *(Opium)* und die entleerten trockenen Kapseln *(Fructus papaveris maturus)* verwendet.

Opium wird vor allem in der Türkei (Kleinasien), Indien, der Sowjetunion und China gewonnen. Reife Kapseln werden in allen Ländern gesammelt, in denen Mohn angebaut wird. Sie sind in den meisten europäischen Ländern ein wichtiger Rohstoff der pharmazeutischen Industrie. Sowohl das Rohopium als auch die trockenen Kapseln enthalten stark giftige Alkaloide, von denen bisher mehr als zwanzig isoliert wurden.

Das Morphin dämpft die schmerzvermittelnden Nervenzellen und wirkt daher schmerzstillend selbst in Fällen, in denen andere Arzneien versagen. Das Kodein verstärkt die schmerzlindernde Wirkung verschiedener Medikamente und hat eine stark hustenstillende Wirkung. Papaverin wiederum führt zum Erschlaffen der glatten Muskulatur und wirkt daher krampflösend. Opiumalkaloide sind Bestandteile zahlreicher Fertigpräparate.

Inhaltsstoffe: Opium enthält etwa 12 % Morphin, die trockenen Mohnkapseln bedeutend weniger (0,3 – 1,2 %). Die wichtigsten Mohnalkaloide sind Morphin Kodein, Thebain Papaverin Narkotin und Narcein

1. Mohnblüten
2. Unreife Mohnkapseln eine Kapsel mit hervortretendem Milchsaft an den angeritzten Stellen

Spitzwegerich

Plantago lanceolata L.

Wegerichgewächse
Plantaginaceae

Das ausdauernde Kraut wächst häufig auf trockeneren Wiesen, Weiden, Grasflächen, Dämmen, Rainen, Sand- und Schuttplätzen von der Ebene bis ins Mittelgebirge. Es ist über ganz Europa (im Norden bis Island) und Westasien verbreitet, im Osten bis zum Himalaja. Blütezeit: Mai bis September.

Als Droge werden die Blätter *(Folium plantaginis lanceolatae)* verwendet. Man sammelt sie von Juli bis August, legt sie in dünner Schicht aus und trocknet sie schnell bei künstlicher Wärme bis zu 50 °C. Beim Sammeln und Trocknen muß man Vorsicht walten lassen, denn das Sammelgut ist äußerst empfindlich. Druckstellen verfärben leicht braun bis schwarz. Die Droge ist geruchlos und hat mäßig bitteren und zusammenziehenden Geschmack. Sie wirkt schleimlösend und erleichternd bei Erkältungskrankheiten der oberen Atemwege. In der Volksmedizin wird sie zur Heilung entzündeter Wunden gebraucht.

Die Droge wird innerlich in Form von Aufgüssen und als Bestandteil von Brusttees, Sirupen oder Pastillen verwendet. Hin und wieder wird sie auch abführenden und den Stuhlgang regelnden Teemischungen zugesetzt. Äußerlich wird der Saft frischer Blätter wegen seiner erwiesenen entzündungshemmenden Wirkung als Wundmittel angewendet. Neuerdings wird der Spitzwegerich auch angebaut, da die Nachfrage durch Sammeln aus wildwachsenden Beständen nicht gedeckt werden kann. Im Mittelmeergebiet kultiviert man auch die Arten *Plantago psyllium* L. und *P. indica* L., deren stark schleimhaltige (bis zu 10 %) Samen als Droge Verwendung finden.

Inhaltsstoffe:
Schleim
Gerbstoffe
das Glykosid
Aucubin
und andere
chemisch bisher
nicht erforschte
Stoffe

Blühende
Pflanze

Frühlings-Schlüsselblume
Primula veris L. emend. W. HUDS.

Primelgewächse
Primulaceae

Die ausdauernde, krautige Pflanze wächst häufig auf Wiesen, in lichten Hainen, Gebüschen und Waldsteppen, vor allem auf wärmeren Unterlagen (Kalk oder Basalt) vom Tiefland bis ins Vorgebirge. Ihr Verbreitungsgebiet erstreckt sich über die gemäßigte Zone Eurasiens, stellenweise fehlt sie jedoch. In Ostsibirien ist sie eingeschleppt. Die stark abändernde Art blüht im April und Mai.

Als Drogen finden die Wurzeln *(Radix primulae)* und die Blüten *(Flos primulae)* Verwendung. Die Wurzeln sammelt man von März bis Mai. Nach gründlichem Waschen werden sie bei etwa 45 °C getrocknet. Die Blüten einschließlich der Kelche werden im April und Mai gesammelt, in dünner Lage ausgebreitet und bei natürlicher Wärme getrocknet. Die Drogen riechen nach Anis und schmecken widerlich kratzend.

Beide Drogen werden innerlich in Form von Abkochungen, Tees oder Fertigpräparaten als schleimlösende und auswurffördernde Mittel bei Erkrankungen der oberen Atmungsorgane genommen. Günstige Auswirkungen auf andere Krankheiten (Rheumatismus, Nierenbeschwerden) konnten nicht nachgewiesen werden. Die Droge stammt ausschließlich aus Wildbeständen. Zuchtversuche waren bisher unrentabel. Drogen liefert auch die Wald-Schlüsselblume *(Primula elatior /L./ J. Hill.)*, die wärmere Gegenden und Niederungen meidet. Sie kommt in Europa vor, fehlt jedoch südlich der Alpen. Ihr Siedlungsgebiet erstreckt sich ferner vom Kaukasus über Nordiran bis zum Altai.

Inhaltsstoffe: Die Drogen enthalten bis zu 10 % Saponine sowie die Glykoside Primverin und primulaverin aus denen ein ätherisches Öl der sogenannte Primelkampfer gewonnen wird Die Wurzeln liefern im Durchschnitt 0,085 % und die Blüten 0,01 % ätherisches Öl

Blühende Pflanze

112

Palmblättriger Rhabarber

Rheum palmatum L.

Knöterichgewächse
Polygonaceae

Die ausdauernde, krautige Pflanze ist in Nordwestchina und Nordosttibet heimisch. Für arzneiliche Zwecke wird meist die Varietät *tanguticum* Maxim. kultiviert. Blütezeit: Juni und Juli.

Als Droge verwendet man die Wurzelstöcke *(Rhizoma rhei)* der zwei- oder dreijährigen Pflanzen. Nach dem Waschen, Schälen und Zerschneiden in kleinere Stücke wird das Sammelgut auf Schnüre gezogen und bei natürlicher Wärme bis höchstens 50 °C getrocknet. Die Droge hat einen arteigenen Geruch und einen bitteren, würzig-herben Geschmack. Sie darf nicht das Glykosid Rhaponticin enthalten, das in den Wurzelstöcken der Arten *R. rhabarbarum* L. (Heimat: Südwesteuropa und Zentralasien) und *R. rhaponticum* L. (Heimat: Mittelsibirien bis Nordchina) vorkommt und sich ungünstig auswirkt. Bei kleinen Dosen bis zu 0,5 g entfalten die in der Droge enthaltenen Gerbstoffe eine stopfende Wirkung; bei größeren Gaben (1 bis 3 g) hingegen kommt die abführende Wirkung der Antrachinone zur Geltung.

Rhabarberwurzeln werden innerlich als Pulver oder in Form von Fertigpräparaten bei chronischer Verstopfung, Magen- und Darmkatarrhen und Appetitlosigkeit angewendet. Bei Nierensteinen und Harngrieß ist die Droge kontraindiziert. Die Droge wird ausschließlich wildwachsend gesammelt. Nach Europa wird sie vornehmlich aus China importiert. Der verwandte Gemeine Rhabarber, *Rheum rhabarbarum* L., wird schon seit langem wegen seiner eßbaren Blattstiele (Rhabarbergemüse und -kompott) in Gärten gezogen.

Inhaltsstoffe: Außer Gerbstoffen enthält die Droge als wichtigste Wirkstoffe etwa 10 % freie und gebundene Anthrachinone

1. Wurzelstock
2. Stengelteil mit Blüten und Früchten
3. Reife Früchte

Rosmarin

Rosmarinus officinalis L.

Lippenblütengewächse
Lamiaceae
(Labiatae)

Der immergrüne Strauch gehört der Gebüsch-formation der Mittelmeerinseln an. In den Küstenregionen des Mittelmeers wird er seit dem Altertum häufig kultiviert und hat sich in den ländlichen Gärten ganz Mitteleuropas vollkommen eingebürgert. Blütezeit: April und Mai.

Gesammelt werden die Blätter der blühenden Pflanze *(Folium rosmarini)*, die man von den Trieben abstreift. Das Erntegut wird in dünner Schicht ausgebreitet und an einem schattigen und luftigen Ort bei natürlicher Wärme getrocknet. Das Trocknen kann auch bei künstlicher Wärme bis zu 40 °C erfolgen. Die Droge hat einen kampferartigen Geruch und einen aromatischen Geschmack. Sie erhöht die Absonderung von Magensaft und wirkt galle- und harntreibend, desinfizierend und hautreizend.

Rosmarinblätter werden heute fast nur noch in der Volksheilkunde gebraucht. Innerlich werden sie in Form von Aufgüssen als magenstärkendes, galle- und harntreibendes Mittel empfohlen. Äußerlich wird das Rosmarinöl für Salben und zu Einreibungen bei schmerzhaftem Muskel- und Gelenksrheumatismus und bei Nervenentzündungen verwendet. Das aus der Droge gewonnene ätherische Öl spielt eine bedeutende Rolle in der Parfümerie und als wichtiger Bestandteil insektenabstoßender Präparate.

Die Droge stammt vorwiegend aus Wildbeständen. Die wichtigsten Exportländer sind Spanien, Jugoslawien, Italien, Frankreich und die am Mittelmeer gelegenen nordafrikanischen Staaten.

Inhaltsstoffe:
1—2 %
ätherisches Öl
dessen
Hauptbestand-teile Pinen
Camphen
Cineol, Borneol
Bornylacetat
Limonen
Phellandren und
Myrcen sind

1. Blühende
Zweigchen
2. Blüte

Echter Salbei
Salvia officinalis L.

Lippenblütengewächse
Lamiaceae
(Labiatae)

Der Halbstrauch blüht von Mai bis Juli. Man findet ihn ziemlich häufig auf trockenen und sonnigen Kalkhängen und -felsen. Er ist im europäischen Teil des Mittelmeergebietes beheimatet.

Die Gewinnung der Blattdroge *(Folium salviae)* erfolgt kurz vor dem Öffnen der Blüten im Mai oder Juni durch Schnitt des Krautes, von dem die Blätter abgestreift und dann möglichst schnell bei mäßiger Temperatur (bis 40 °C) getrocknet werden. Die Droge riecht und schmeckt aromatisch. Sie hemmt die Entwicklung und Vermehrung von Bakterien und Schimmelpilzen, unterbindet weitgehend die Ausscheidung von Schweiß und wirkt leicht harntreibend. Außerdem wirkt sie auch entzündungshemmend und zusammenziehend.

Die Droge wird innerlich als Aufguß und Bestandteil von Teemischungen oder in Form von Präparaten bei Nachtschweißen von Tuberkulösen und Neurotikern sowie bei Gallen- und Magenleiden und bei Entzündungen der oberen Atmungsorgane verwendet. Äußerlich wird sie als Gurgelwasser bei Entzündungen im Mund und Rachen sowie zu Umschlägen bei alten, schlecht heilenden Wunden angewendet. Aus der Droge wird ein ätherisches Öl, das Salbeiöl, gewonnen, das in der Medizin ähnliche Verwendung findet wie die Droge selbst. Beide werden außerdem als Gewürz benutzt.

Die Droge wird vorwiegend wildwachsend, in erster Linie in Dalmatien und Albanien gesammelt; in beschränktem Maß wird sie auch anbaumäßig gewonnen.

Inhaltsstoffe:
Ätherisches Öl (1 – 2,5 %)
Gerbstoffe
Östrogene und organische Säuren. Die Hauptbestandteile des ätherischen Öls sind Pinen
Borneol
Bornylacetat
Cineol, Thujon
Kampfer und Salven

Blütenschaft

Arznei-Thymian, Quendel

Thymus pulegioides.

Lippenblütengewächse
Lamiaceae
(Labiatae)

Der Quendel ist eine Sammelart, zu der Halbsträucher und ausdauernde Kräuter zählen. Er wächst zerstreut bis häufig auf Hängen, Weiden, Rainen, Sandplätzen, trockenen Hügeln, Felsen, in lichten Wäldern und auf Waldblößen von der Niederung bis in die alpine Höhenstufe. Seine Heimat ist die gemäßigte Zone Eurasiens. Blütezeit: Mai bis September.

Für Arzneimittel wird das Kraut *(Herba serpylli)* kurz vor der Blüte gesammelt. Man schneidet die beblätterten Blütentriebe ab, breitet sie in dünner Schicht aus und trocknet sie im Schatten oder künstlich bei mäßiger Temperatur (bis zu 40 °C). Die Droge hat einen angenehm aromatischen Geruch und einen bitter-würzigen Geschmack. Sie wirkt lindernd bei Erkrankungen der oberen Atmungsorgane, reguliert die Verdauung und ist windtreibend und krampflösend.

Innerlich wird das Quendelkraut als Aufguß oder als Bestandteil von Tees, Tropfen oder Sirupen bei Krampf- und Reizhusten, Bronchialkatarrh sowie bei Magen- und Darmbeschwerden gegeben. Äußerlich wird die Abkochung als Badezusatz bei eiternden Wunden und gegen Rheumatismus angewendet. Aus der Droge wird ein ätherisches Öl gewonnen, das wegen seiner desinfizierenden Eigenschaften zur Herstellung von Gurgelmitteln, Mundwasser und Zahnpasten Verwendung findet. Die Droge wird ausschließlich aus Wildbeständen gewonnen.

Inhaltsstoffe:
Etwa 0,3 %
ätherisches Öl
dessen
Hauptbestandteile Carvacrol
Cymol und
Thymol sind
Einige Typen
von Sammelart
enthalten auch
Citral und
Pinen. Ferner
wurden
Flavone
Gerbstoffe
der Bitterstoff
Serpyllin sowie
Oleanol- und
Ursolsäure
festgestellt

**Blühende
Pflanze**

Echter Thymian
Thymus vulgaris L.

Lippenblütengewächse
Lamiaceae
(Labiatae)

Der Echte Thymian ist ein Halbstrauch. Er wächst meistens gesellig in den Felsensteppen und Macchien des europäischen Mittelmeergebiets. In den Seealpen steigt er bis in Mittelgebirgshöhen. Blütezeit: Mai bis Oktober.

Als Droge dient das Kraut *(Herba thymi)*, das kurz vor Beginn der Blüte geschnitten, dann in dünner Lage an einem trockenen und luftigen Ort ausgebreitet und bei natürlicher Wärme getrocknet wird. Bei künstlichem Trocknen soll die Temperatur 40 °C nicht übersteigen. Nach dem Trocknen streift man meist die Blätter und Blüten ab und entfernt die Zweigchen. Die Droge riecht würzig und schmeckt angenehm aromatisch. Sie wirkt desinfizierend und antibakteriell besonders bei Erkrankungen der oberen Atemwege und der Verdauungsorgane.

Innerlich wird das Thymiankraut in Form von Aufgüssen und als Bestandteil von Tees, Tropfen und Sirupen bei Erkrankungen der Atmungsorgane, gegen Husten und Verdauungsstörungen verabreicht. Thymianbäder und -umschläge sind bei eiternden Wunden beliebt. Extrakte werden zur Herstellung von Gurgelmitteln und Mundwassern benutzt. Aus dem Echten Thymian wird ein ätherisches Öl gewonnen, das ähnliche Verwendung wie die Droge findet. Außerdem ist der Thymian ein typisches Gewürz der französischen Küche und unentbehrlich bei der Zubereitung von Wildbret und einigen Fischspeisen.

Die Droge wird in Frankreich, Spanien und anderen Mittelmeerländern aus Wildbeständen und in einigen anderen Staaten von Kulturpflanzen gewonnen.

Inhaltsstoffe: 0,4−0,7 % ätherisches Öl dessen Hauptbestandteile Thymol Cymol und Carvacrol sind Ferner enthält die Droge bis zu 7 % Gerbstoffe Bitterstoffe und Flavone

Blühende Pflanze

Gemeiner Huflattich

Tussilago farfara L.

Korbblütengewächse
Asteraceae
(Compositae)

Die ausdauernde, krautige Pflanze ist in ganz Europa, Nordafrika und Nord- und Westasien heimisch. In Amerika wurde sie eingeschleppt. Man findet sie häufig an Bachufern, in Gräben, an Wegen und auf Brachen, besonders auf feuchten Lehmböden. Blütezeit: März bis Mai.

Als Droge verwendet man die Blütenköpfe *(Flos farfarae)* und die Blätter *(Folium farfarae)*. Die Blütenköpfe sammelt man ohne Stiele im März und April, wenn sie noch nicht ganz aufgeblüht sind. Die Blätter werden von Mai bis Juli gesammelt. Beschädigte, kranke oder von Schädlingen befallene Blätter dürfen nicht eingebracht werden. Sowohl die Blütenköpfe als auch die Blätter werden bei künstlicher Wärme bis zu 40 °C getrocknet. Die Blätter können auch an der Sonne getrocknet werden. Die Drogen sind geruchlos und haben einen schleimigen, etwas bitteren Geschmack. Sie wirken schleimlösend, desinfizierend und entzündungshemmend.

Beide Drogen werden innerlich in Form von Aufgüssen oder als Bestandteil von Hustentees bei Erkältungen, Heiserkeit und allen Erkrankungen der Atemwege verordnet. Äußerlich benutzt man die Abkochung zu Umschlägen bei Venenentzündungen, Unterschenkelgeschwüren und nässenden Hautausschlägen.

Die Drogen werden ausschließlich wildwachsend gesammelt. Beim Sammeln der Blätter muß man darauf achten, daß es nicht zur Verwechslung mit der Pestwurz *(Petasites P. Mill.)* kommt.

Inhaltsstoffe: Die Drogen enthalten eine erhebliche Menge von Schleim, in unbedeutendem Maße Gerbstoffe und wahrscheinlich auch Saponine

1. Blütenstände
2. Junge Blätter

Heidelbeere

Vaccinium myrtillus L.

Heidekrautgewächse
Vacciniaceae

Die Heidelbeere ist ein Zwergstrauch. Sie wächst ziemlich häufig auf leichteren humosen, sandigen Böden als Unterwuchs in lichten Wäldern, auf Heiden und Torfgründen vom Hügelland bis in die alpine Stufe. Ihre Heimat ist die arktische und gemäßigte Zone der nördlichen Halbkugel. Blütezeit: April bis Juli.

Arzneiliche Verwendung finden die getrockneten Früchte *(Fructus myrtilli)* und Blätter *(Folium myrtilli)*. Man sammelt die reifen Früchte und trocknet sie im Schatten oder an der Sonne. Bei Benutzung künstlicher Wärme soll die Temperatur 45 °C nicht übersteigen. Heidelbeeren müssen gut getrocknet werden, da sie leicht schimmeln. Die trockenen Früchte sind geruchlos und haben einen säuerlichen und herben Geschmack. Die Blätter werden von Juni bis September gesammelt; man rebelt sie von den Stengeln ab und trocknet sie auf dieselbe Weise wie die Früchte. Die Fruchtdroge wirkt zusammenziehend und stopfend auf den Darmtrakt. Die Blattdroge hat leicht desinfizierende Wirkung bei Nierenbecken- und bei Harnblasenentzündungen; manchmal senkt sie den Blutzuckergehalt.

Heidelbeeren sind ein beliebtes Mittel gegen Durchfall. Abkochungen werden gelegentlich zum Gurgeln bei Entzündungen in der Mund- und Rachenhöhle angewendet. Abkochungen von Heidelbeerblättern und Fisolenschalen sind ein gutes Unterstützungsmittel in der Behandlung der Zuckerkrankheit. Große Bedeutung hat die Heidelbeere als Frischobst und in der Lebensmittelindustrie. Die Drogen werden ausschließlich wildwachsend gesammelt.

Inhaltsstoffe:
Die Früchte enthalten bis zu 10 % Gerbstoffe (Quercetinglykoside) große Mengen Zucker, Pectine organische Säuren und Farbstoffe
Die Blätter enthalten ebenfalls Gerbstoffe (Glucokinine) sowie bisher wenig bekannte blutzuckersenkende Stoffe

1. Fruchtendes Zweigchen
2. Blühendes Zweigchen

Echter Baldrian
Valeriana officinalis L.

Baldriangewächse
Valerianaceae

Das ausdauernde Kraut findet sich zerstreut bis häufig auf feuchten Wiesen, buschigen Hängen, in Ufergebüschen, Auen, Gräben und an Ufern vom Flachland bis in die subalpine Höhenstufe. Seine Heimat ist die gemäßigte Zone Eurasiens. Blütezeit: Mai bis September.

Therapeutische Verwendung findet der Wurzelstock mit dem Wurzelwerk *(Radix valerianae)*. Man gewinnt die Droge heute ausschließlich von Kulturformen, meist im zweiten, manchmal schon im ersten Vegetationsjahr; immer im Herbst. Nach gründlichem Waschen wird das Erntegut bei künstlicher Wärme bis zu 45 °C getrocknet. Erst durch das Trocknen erhält die Droge ihren typischen, würzigen Geruch; sie schmeckt anfangs süßlich, später bitter. Sie wirkt nervenberuhigend, krampflösend und reguliert die Herztätigkeit bei nervösen Herzbeschwerden.

Baldrianwurzeln werden innerlich in Form von Kaltwasserauszügen, Tinkturen (Baldriantropfen) und Fertigpräparaten als wirksames Beruhigungsmittel bei Erregungszuständen, Schlaflosigkeit, nervöser Erschöpfung und Herzklopfen verordnet. Der Anbau von Baldrian wird vor allem in Deutschland, Holland, Belgien und den osteuropäischen Ländern, besonders in der Sowjetunion, betrieben.

Inhaltsstoffe:
Etwa 1 % ätherisches Öl das in seiner Zusammensetzung sehr wirksam ist. Es enthält l-Pinen l-Camphen l-Borneol und organische Säuren insbesondere Isovalerinsäure deren Bornylester den eigentümlichen Geruch des ätherischen Öls und der Droge verursacht ferner Pyridinalkaloiden Valtratum und Baldrinal

1. Teil eines blühenden Stengels
2. Blüte
3. Wurzelstock mit Wurzelwerk

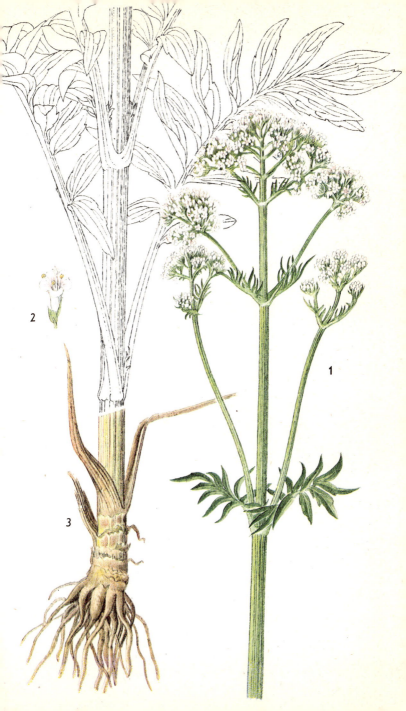

Großblumige Königskerze
Verbascum thapsiforme SCHRAD.

Braunwurzgewächse
Scrophulariaceae

Die zweijährige, wärmere Standorte bevorzugende Pflanze findet man auf sonnigem Ufergeröll, Schutthalden und Weiden vom Tiefland bis ins Vorgebirge. Sie ist über fast ganz Europa verbreitet. Blütezeit: Juli bis September.

Gesammelt werden die goldgelben Blumenkronen mit den ihnen aufsitzenden Staubblättern *(Flos verbasci)*. Die Ernte dauert einige Wochen, wobei bei trockenem Wetter täglich die völlig geöffneten Blüten gepflückt werden. Um Braunfärbung zu vermeiden, dürfen die Blumenkronen nicht gedrückt werden. Das Sammelgut wird behutsam in dünner Schicht an einem schattigen Ort ausgebreitet, bei natürlicher Wärme getrocknet und, falls erforderlich, bei künstlicher Wärme bis zu 40 °C nachgetrocknet. Die Droge hat einen angenehm honigartigen Geruch und Geschmack. Sie wirkt auswurffördernd und reizlindernd bei festsitzendem Husten. Die wahrscheinlich vorhandenen antibiotischen Substanzen geben der Droge wirksame entzündungshemmende Eigenschaften.

Die Droge hat sich in Form von Aufgüssen bei Husten, Verschleimung der Atemwege, Heiserkeit und Schnupfen bewährt. In der Volksheilkunde wird sie häufig zu Bädern bei Hämorrhoidalleiden und Unterschenkelgeschwüren angewendet. Sie wird aus Wildbeständen und auch anbaumäßig gewonnen. Wegen des großen, mit dem Sammeln und Trocknen verbundenen Arbeitsaufwands ist die Droge verhältnismäßig teuer. *Flos verbasci* liefert auch die Windblumen-Königskerze *(V. phlomoides* L.).

Inhaltsstoffe:
Bisher nur ungenügend erforschte
Saponine
Schleim
Flavonoide
Spuren von Zucker und ätherischem Öl

1. Blühende Stengelspitze
2. Blätter (beide im zweiten Vegetationsjahr)

Wohlriechendes Veilchen
Viola odorata L.

Veilchengewächse
Violaceae

Das Wohlriechende oder Märzveilchen ist eine ausdauernde, oft gesellig wachsende Krautpflanze. Man findet es ziemlich häufig an schattigen Standorten in feuchten Hainen, an Waldrändern, auf buschigen Hängen, an Zäunen und Hecken, auch verwildert in Gärten und Parks vom Flachland bis ins Vorgebirge. Es wird nicht selten als Zierpflanze gezogen. Das Wohlriechende Veilchen dürfte wahrscheinlich im Mittelmeergebiet, vielleicht bis nach Kurdistan und dem Irak sowie in Westeuropa bis England ursprünglich beheimatet sein. In fast ganz Europa ist es bereits seit langem eingebürgert. Blütezeit: März bis Mai.

Gesammelt werden im September und Oktober die Wurzelstöcke *(Radix violae odoratae)*. Nach gründlichem Waschen werden sie an einem schattigen und luftigen Ort getrocknet. Bei künstlichem Trocknen soll die Temperatur 45 °C nicht übersteigen. Die Droge ist geruchlos und hat einen brennend scharfen Geschmack. Sie wirkt auswurffördernd, schleimlösend und reizlindernd bei Hustenanfällen und hat harntreibende Eigenschaften.

Veilchenwurzeln werden innerlich als Aufguß oder Bestandteil von Teemischungen bei Bronchialkatarrh und gegen Husten genommen. Der aus der Droge bereitete Sirup wird in der Kinderheilkunde verordnet; die harntreibenden Eigenschaften der Veilchenwurzeln werden bei Rheuma genutzt. Äußerlich werden sie als Zusatz zu Gurgelmitteln verwendet.

Die Wurzeln werden ausschließlich von wildwachsenden Pflanzen gesammelt. In Südfrankreich wird das Wohlriechende Veilchen zur Parfümgewinnung angebaut.

Inhaltsstoffe: Saponine, das Salyzilsäureglykosid Violutosid wahrscheinlich auch Monotropidin (Gaultherin) und der glykosidisch gebundene Farbstoff Violanin

Blühende Pflanze

III. GIFTPFLANZEN

* † Blauer Eisenhut
Aconitum napellus L.

Hahnenfußgewächse
Ranunculaceae

Das ausdauernde Kraut blüht im Juli und August. Man findet es zerstreut bis häufig, oft auch gesellig wachsend, auf Weiden, Wiesen, buschigen, steinigen Hängen, in Erlenwäldern, an Bachufern, in Gräben und auf Almen vom Mittelgebirge bis zur alpinen Höhenstufe. An Bachufern steigt es nicht selten auch tief in die Täler hinab. Der Blaue Eisenhut ist über ganz Europa verbreitet; im Norden kommt er noch in Schweden vor.

Die Droge ist geruchlos und hat einen scharfen, kratzenden Geschmack.

Alle Pflanzenteile sind stark giftig.

Die Droge muß trocken aufbewahrt werden. Sie wirkt erregend und dann beruhigend auf das zentrale und periphere Nervensystem. Sie wird heute nicht mehr als Heilmittel verwendet; das aus ihr isolierte Aconitin ist jedoch in einigen Fertigpräparaten enthalten, die bei Nervenschmerzen und Muskel- und Gelenksrheumatismus verschrieben werden. Gute Erfolge wurden auch bei Erkrankungen des Gesichtsnerven erzielt. Auch Salben gegen Rheumatismus werden hergestellt. Sämtliche Präparate sind rezeptpflichtig.

Lt. Rote Liste der gefährdeten Tiere und Pflanzen bei uns: 4 = potentiell gefährdet.

Inhaltsstoffe: Die Droge enthält stark giftige verhältnismäßig wenig beständige Alkaloide, die unter dem Einfluß von Wasser in weniger wirksame, aber ebenfalls giftige Substanzen zerfallen. Das bekannteste, in der Droge enthaltene Alkaloid, ist das Aconitin, das stärkste Gift des ganzen Pflanzenreichs Weitere wichtige Alkaloide sind Hypaconitin und Mecaconitin

1. Tochterknollen
2. Teil des blühenden Stengels

134

* † Frühlings-Adonisröschen
Adonis vernalis L.

Hahnenfußgewächse
Ranunculaceae

In Naturschutzgebieten und/oder Flächenhaften Naturdenkmalen vertreten.

Man findet das ausdauernde, im April und Mai blühende Kraut auf sonnigen, steppenartigen Hängen, in lichten Hainen und Kiefernwäldern von der Ebene bis ins Hügelland. Die Pflanze bevorzugt wärmere Standorte und basenreiche Böden. Ihr Verbreitungsgebiet erstreckt sich von Südwest-, Mittel- und Osteuropa über die Krim und das Vorgebirge des Kaukasus bis nach Sibirien.

Das Adoniskraut hat einen arteigenen bitteren Geschmack. Infolge der harntreibenden Wirkung der Droge sammeln sich die in ihr enthaltenen Glykoside − zum Unterschied von den Digitalisglykosiden − im Herzmuskel nicht an, sondern werden mit dem Harn ausgeschieden.

Die Droge wird innerlich als Aufguß oder Tinktur verordnet. Die isolierten Glykoside kommen in Tropfenform als Spezialitäten in den Handel.

Alle Pflanzenteile sind giftig. Die Droge darf nur auf ärztliche Verordnung angewendet werden. Sie ist ein vorzügliches Herzmittel, das vor allem bei Herzschwäche verschrieben wird und auch beruhigende Wirkung zeigt. Die Droge wird vorwiegend von Wildbeständen gewonnen. Anbauversuche wurden nur vereinzelt vorgenommen.

Lt. Rote Liste der gefährdeten Tiere und Pflanzen bei uns: 2 = stark gefährdet.

Inhaltsstoffe:
Giftige, die
Herztätigkeit
anregende
Glykoside
vor allem
Adonitoxin
Cymarin sowie
strophantin-
artige Glykoside

Blühendes, zum
Sammeln
geeignetes
Kraut

† Schwarze Tollkirsche

Atropa bella-donna L.

Nachtschattengewächse
Solanaceae

Das ausdauernde, manchmal kultivierte Kraut blüht von Juni bis August. Man findet es am Rande von schattigen Laubwäldern, auf Kahlschlägen und Weiden vom Hügelland bis zur subalpinen Stufe. Es ist fast über ganz Europa verbreitet.

Als Droge werden die Wurzeln *(Radix belladonnae)* und weniger häufig die Blätter *(Folium belladonnae)* oder das Kraut *(Herba belladonnae)* gesammelt. Die Wurzeln werden gereinigt, längs gespalten und in Trockenanlagen bei einer Temperatur bis zu 70 °C getrocknet. Auch Blätter und Kraut sollen schnell getrocknet und sofort verpackt werden, um Feuchtwerden und Braunfärbung zu vermeiden. Die Drogen sind geruchlos und schmecken bitter.

Alle Pflanzenteile sind stark giftig. Es ist darauf zu achten, daß die Beere nicht mit eßbarem Obst verwechselt wird. Kinder dürfen daher weder beim Sammeln noch bei der Verarbeitung beschäftigt werden. Hände und vor allem die Augen sind zu schützen.

Die Droge wirkt auf die verschiedenen Bereiche des Nervensystems, vermindert die Sekretion der Schleimdrüsen und Bronchien sowie die Bildung von Magensäften und führt zur Erschlaffung der glatten Muskelfasern.

Heute werden nur noch die Reinalkaloide oder genau dosierte Fertigpräparate ausschließlich auf ärztliche Verordnung verwendet. Die Mittel wirken krampflösend; sie werden bei heftigen Schmerzen, Entzündungen, Koliken, Nerven- und Augenkrankheiten und bei der Parkinsonschen Krankheit gebraucht.

Inhaltsstoffe:
Ähnlich wie die Bilsenkraut- und Stechapfeldrogen enthalten die Blätter der Tollkirsche etwa 0,5 % und die Wurzeln bis zu 1,5 % Tropan-Alkaloide, vor allem l-Hyoscyamin Atropin Scopolamin und geringen Mengen von Apoatropin und Belladonin

1. Blütenstengel
2. Frucht
3. Wurzel

† Großes Schöllkraut
Chelidonium majus L.

Mohngewächse
Papaveraceae

Ausdauerndes Kraut. Blütezeit: Mai bis September. Häufig in schattigen Hainen, unter Ufergebüsch, an Wegen, Mauern und Zäunen, auf Schuttplätzen, in ungepflegten Gärten und Parks und überhaupt auf stickstoffreichen Böden vom Tiefland bis ins Vorgebirge. Seine Heimat ist die gemäßigte und stellenweise auch die arktische Zone Eurasiens.

Arzneiliche Verwendung finden das Kraut und die Wurzeln. Das Kraut *(Herba chelidonii)* wird von März bis Mai, also vor der Blüte gesammelt. Die Wurzelstöcke *(Radix /Rhizoma/ chelidonii)* werden im Herbst eingebracht. Das Sammelgut muß möglichst bald in Trockenanlagen bei einer Temperatur bis 80 °C getrocknet werden. Die Drogen sind geruchlos und von beißend bitterem Geschmack. **Die Pflanze ist stark giftig; beim Sammeln dürfen daher Kinder nicht beschäftigt werden, und Erwachsene müssen die notwendigen Vorsichtsmaßnahmen treffen.** Bemerkenswert sind die angeblich krebswidrigen Eigenschaften einiger Inhaltsstoffe, die jedoch wegen ihrer starken Giftigkeit bisher nicht verwendet werden können. Die Droge wirkt schwach beruhigend auf das Zentralnervensystem, schmerzstillend, krampflösend und galletreibend; sie erhöht den Blutdruck und erweitert die Kranzadern.

Die ärztliche Überwachung während der Behandlung ist unbedingt erforderlich! Schöllkraut wird hauptsächlich in Form von Fertigpräparaten bei Gallenleiden, einschließlich Gallenentzündungen, Gallensteinen und Gelbsucht verordnet. Der frische Milchsaft dient zur Vertreibung von Warzen.

Inhaltsstoffe: 0,5 % Alkaloide von denen Chelidonin Chelerythrin und Sanguinarin die wichtigsten sind; ferner organische Säuren, Spuren eines näher nicht bekannten ätherischen Öls sowie andere Wirkstoffe (z.B. proteolytische Enzyme im frischen Milchsaft)

1. Blühender Pflanzenteil
2. Früchte
3. Same

† Purpurroter Hahnenpilz
Mutterkorn

Claviceps purpurea (Fr.) Tul.

Schlauchpilze
Clavicipitaceae

Der Purpurrote Hahnenpilz schmarotzt in der Ähre zahlreicher Gräser, vor allem aber in Roggenähren. Seine Dauerform *(Sclerotium)* ist das hornförmige sogenannte Mutterkorn.

Für pharmazeutische Zwecke werden von reifenden Roggenähren die violett gefärbten Sklerotia (Mutterkörner) gesammelt. Dann wird das Sammelgut in dünner Schicht zum Trocknen ausgebreitet und bei natürlicher Wärme getrocknet. Aus der Droge werden in Industriebetrieben die Alkaloide isoliert; Mutterkörner als solche werden heute in der Pharmazie nicht mehr benutzt. Da der Bedarf an der Mutterkorndroge beträchtlich ist, wird der Pilz durch künstliche Infektion an ausschließlich zu diesem Zweck bestimmten Roggenbeständen gezogen. Die Impfungs- und Erntearbeiten sind mechanisiert.

Mutterkorn-Alkaloide greifen die glatte Muskulatur an; einige ihrer Derivate wirken auf das Nervensystem.

Pharmazeutische Präparate, die Mutterkornalkaloide enthalten, dürfen nur auf ärztliche Verordnung abgegeben werden.

Sie werden in der Geburtshilfe als blutstillende, schmerzlindernde und entzündungshemmende Mittel gebraucht. In letzter Zeit finden sie auch in der Psychiatrie Verwendung. Das Mutterkorn wird heute auf Roggen in zahlreichen Ländern Europas und vor allem in der Tschechoslowakei gezogen. Zum ersten Mal wurde es im Jahre 1940 in der Schweiz kultiviert.

Inhaltsstoffe: Von den zahlreichen im Mutterkorn enthaltenen stark giftigen Alkaloiden sind das Ergotamin und das Ergotoxin die wichtigsten Die Grundlage der Mutterkorn-Alkaloide bildet die Lysergsäure aus der weitere pharmazeutisch wichtige Stoffe gewonnen werden

1. Sklerotia in einer befallenen Roggenähre
2. Ausgefallene Sklerotia
3. Keimendes Sklerotium

† Herbstzeitlose
Colchicum autumnale L.

Liliengewächse
Liliaceae

Die Herbstzeitlose ist eine ausdauernde, krautige, mit unterirdischer Knolle überwinternde Pflanze. Sie wächst häufig, oft gesellig auf feuchten Wiesen, besonders gern auf gedüngten, gemähten oder regelmäßig überschwemmten Wiesen, ferner auf Bahn- und Straßendämmen, Moorland und unter Erlengebüsch von der Ebene bis ins Vorgebirge, vereinzelt auch bis in die alpine Höhenstufe. Ihr Verbreitungsgebiet umfaßt West-, Süd-, Ost- und Mitteleuropa. Blütezeit: August bis Oktober.

Gesammelt werden die Samen *(Semen colchici)* und manchmal im Frühjahr oder Herbst die Knollen *(Tuber colchici)*. Die früher viel gebrauchte Knollendroge hat in letzter Zeit an Bedeutung verloren. Die reifen Samen müssen nachgetrocknet werden.

Alle Pflanzenteile sind stark giftig. Kinder darf man beim Sammeln unter keinen Umständen beschäftigen.

Die in der Herbstzeitlose enthaltenen Alkaloide wirken bei Gicht schmerzlindernd. Das Colchicin hemmt die Zellteilung, es ist ein starkes Zellgift.

Die eigentliche Droge wird in der Medizin nicht mehr benutzt. Die Herbstzeitlosensamen dienen zur Gewinnung der in ihnen enthaltenen Alkaloide, aus denen Fertigpräparate hergestellt werden. Diese sind ausgezeichnete Gicht- und Rheumamittel. Die Ausnutzung ihrer zytostatischen Wirkung bei der Krebsbehandlung wird durch die starke Giftigkeit des Colchicins erschwert. Die Droge wird ausschließlich wildwachsend gesammelt.

Inhaltsstoffe:
Alkaloide, von denen Colchicin und Demecolcin die wichtigsten sind

1. Nichtblühende Pflanze mit Knolle (im Frühjahr)
2. Blüte

† Maiglöckchen

Convallaria majalis L.

Liliengewächse
Liliaceae

Das ausdauernde Kraut blüht im Mai und Juni. An ungünstigen Standorten entwickelt es oft keine Blüten. Es wächst ziemlich häufig, stellenweise auch gesellig in lichten Laub- und Misch-, seltener auch in Nadelwäldern, ferner in Auen, Gebüschen, auf Schlagflächen und auf Bergwiesen. Die Pflanze ist von der Ebene bis in die subalpine Stufe anzutreffen. *C. majalis* L. kommt ausschließlich in Europa vor.

Als Droge wird das blühende Kraut *(Herba convallariae)* verwendet. Es wird zur Beginn der Blütezeit, also im Mai und Anfang Juni abgeschnitten und dann in dünner Schicht zum Trocknen an einem schattigen und luftigen Ort ausgebreitet. Während des Trocknungsprozesses soll das Umwenden vermieden werden. Bei künstlicher Wärme soll die Temperatur 50 °C nicht übersteigen. Richtig getrocknetes Kraut darf keine bräunlichen Blüten und Blätter enthalten. Die Droge ist geruchlos und hat einen scharfen, süßlich bitteren Geschmack. Sie reguliert die Herztätigkeit und hat ähnliche Eigenschaften wie *Strophanthus*-Glykoside. Die Wirkung tritt rasch ein, hält aber nicht lange an. Dank der harntreibenden Eigenschaft der Droge wurden keine Anhäufungen von Glykosiden bei medizinischer Behandlung im Körper beobachtet, im Gegensatz zum Fingerhut *(Digitalis)*.

Die giftige Droge darf nur auf ärztliche Verordnung gebraucht werden.

Sie wird bei Herzschwäche als Tinktur oder in Form spezieller, biologisch standardisierter Fertigpräparate verschrieben; für pharmazeutische Zwecke wird die Pflanze nicht mehr kultiviert.

Inhaltsstoffe: Giftige Glykoside, wie Convallatoxin Convallatoxol Convallosid Gluco-convallosid Convallatoxosid Vallarotoxin Majalosid u.a. sowie Saponine

1. Blühende Pflanze
2. Früchte

† Gemeiner Stechapfel

Datura stramonium L.

Nachtschattengewächse
Solanaceae

Einjährige krautige Pflanze. Blütezeit: Juni bis Oktober. Der Gemeine Stechapfel stammt wahrscheinlich aus dem Norden Nordamerikas. Von dort wurde er in andere Erdteile verschleppt. Heute zählt man ihn zu den über die ganze Erde verbreiteten Schuttbewohnern. Man findet ihn zerstreut bis häufig auf Schutthalden, Brachen, Feldern, an Wegen und in der Nähe von Siedlungen in warmen Lagen von der Ebene bis ins Vorgebirge.

Gesammelt werden vor allem die Blätter der blühenden Pflanze *(Folium stramonii)*, ausnahmsweise auch der reife Samen *(Semen stramonii)*. Die Blätter werden im Schatten bei natürlicher Wärme oder bei einer Temperatur bis zu 50 °C getrocknet. Die Droge riecht widerlich und schmeckt salzig bitter.

Die Pflanze ist stark giftig. Kinder dürfen daher beim Sammeln nicht behilflich sein. Erwachsene müssen Handschuhe tragen und darauf achten, mit den Händen nicht die Augen oder den Mund zu berühren. Wirkung und Verwendung der in der Droge enthaltenen Tropanalkaloide sind dieselben wie bei der Tollkirsche.

Stechapfelblätter werden hauptsächlich zu Asthmazigaretten verarbeitet. Andere Anwendungsarten kommen kaum noch in Betracht, da heute anstelle der Droge ausschließlich isolierte reine Alkaloide verwendet werden, deren Dosis vom Arzt verschrieben wird. Die Droge stammt meistens aus wildwachsenden Beständen.

Inhaltsstoffe: Die Blätter enthalten giftige Tropanalkaloide vor allem Hyoscyamin und Atropin sowie bis zu 0,5 % Scopolamin; die Samen enthalten außerdem bis zu 20 % fettes Öl

1. Pflanzenteil mit Blüte und Frucht
2. Same

† Wolliger Fingerhut
Digitalis lanata EHRH.

Braunwurzgewächse
Scrophulariaceae

Das ausdauernde Kraut wächst zerstreut in Gebüschen, lichten Wäldern und auf Waldblößen vom Vorgebirge bis in Mittelgebirgslagen. Es ist eine typische Pflanze des Balkans. Blütezeit: Juni bis August.

Die Droge besteht aus den grundständigen Blättern *(Folium digitalis lanatae),* die im Oktober des ersten Vegetationsjahres bei trockenem und sonnigem Wetter unmittelbar über der Erde abgeschnitten werden. Das Erntegut wird in gut gelüfteten Trockenanlagen bei künstlicher Wärme bis zu 50 °C getrocknet. Die Droge, die trocken aufbewahrt werden muß, schmeckt widerlich bitter. *Digitalis*-Glykoside sind schlechthin das herzwirksamste Medikament. **Ihr Nachteil besteht darin, daß sie sich bei längerem Gebrauch im Körper ansammeln. Wegen ihrer starken Giftigkeit ist ihre Anwendung der Kontrolle des Arztes vorbehalten.**

Die Droge kommt heute nur in Form genau dosierter Industriepräparate (Tabletten, Tropfen und Injektionen), die bei Herzbeschwerden und vor allem bei ungenügender oder unregelmäßiger Herztätigkeit vom Arzt verordnet werden, in den Handel. Der Wollige Fingerhut wird in zahlreichen europäischen Ländern, vor allem in der Schweiz, in Deutschland, der Tschechoslowakei und Ungarn feldmäßig angebaut. Er hat den an Wirkstoffen weniger reichen Roten Fingerhut *(D. purpurea* L.*),* der noch vor wenigen Jahren fast ausschließlich gezüchtet wurde, zum größten Teil aus der Kultur verdrängt.

Inhaltsstoffe: Die Droge enthält stark herzwirksame Glykoside, die sogenannten Lanatoside von denen Lanatosid C Acetyldigoxin und Digoxin am bedeutendsten sind

1. Stengelteil mit Blättern
2. Blühender Stengelteil (beide im zweiten Vegetationsjahr)

† Bilsenkraut
Hyoscyamus niger L.

Nachtschattengewächse
Solanaceae

Die meistens zwei-, selten einjährige Kraut-pflanze blüht von Juni bis Oktober. Sie kommt häufig, manchmal auch zerstreut, auf Schutt-halden, Brachen und an Wegen vom Flach-land bis ins Vorgebirge vor. Sie ist über fast ganz Eurasien außer dem hohen Norden ver-breitet.

Zu pharmazeutischen Zwecken werden die Blätter *(Folium hyoscyami)* und hin und wieder auch die Samen *(Semen hyoscyami)* verwendet. Die Droge riecht leicht betäubend und schmeckt scharf bitter und salzig.

Die Tropanalkaloide des Schwarzen Bilsen-krauts wirken reizend bis lähmend auf das Zentralnervensystem, verringern die Sekre-tion der Speicheldrüsen und verursachen Pu-pillenerweiterung. In der modernen Pharma-zie werden lediglich die Blätter zur Herstel-lung antiasthmatischer Präparate oder als Be-standteil krampflösender Medikamente be-nutzt. **Die Verabreichung darf nur auf ärztli-che Anweisung erfolgen.**

Lt. Rote Liste der gefährdeten Tiere und Pflanzen bei uns: 3 = gefährdet.

Inhaltsstoffe:
Die Blattdroge enthält giftige Tropanalkaloide insbesondere Hyoscyamin Atropin und Scopolamin Die Samen enthalten außerdem Öl In beiden Drogen finden sich auch Gerbstoffe

1. Blühende Pflanze
2. Frucht
3. Frucht im Kelch
4. Same

† Weißer Germer

Veratrum album L.

Liliengewächse
Liliaceae

Die mehrjährige Pflanze trifft man vereinzelt bis häufig auf Triften, Karfluren, quelligen Berglehnen, Waldblößen, Weiden, Mooren und unter Krummholzbeständen in der gemäßigten Zone Eurasiens an. Ihr vertikales Verbreitungsgebiet erstreckt sich vom Vorgebirge bis in die alpine Höhenstufe. Blütezeit: Juni bis August.

Zu arzneilichen Zwecken werden im Herbst die Wurzelstöcke *(Radix veratri)* gesammelt. Nach dem Waschen und Zerschneiden in kleinere Stücke wird das Sammelgut an einem schattigen und luftigen Ort bei natürlicher Wärme oder bei künstlicher Wärme bis zu 45 °C getrocknet. Die Droge ist geruchlos und hat einen scharfen, bitteren Geschmack.

Da der Germer stark giftig ist, muß man beim Umgang mit der Droge größte Vorsicht walten lassen. Kinder dürfen beim Sammeln nicht beschäftigt werden.

Die Droge erregt Niesen. Die in ihr enthaltenen Alkaloide lähmen die Muskeln der Atmungsorgane und verursachen erhöhte Sekretion der Mundspeicheldrüsen, Durst und Erbrechen.

In der Humanmedizin findet die Droge heute nur noch sehr selten Verwendung. Nur ausnahmsweise werden die aus der Droge isolierten reinen Alkaloide (Protoveratrine) in Form einiger Fertigpräparate bei hohem Blutdruck und ganz bestimmten Magen- und Darmkrankheiten verordnet.

Die Droge wird nur wildwachsend gesammelt.

Inhaltsstoffe: Zahlreiche Alkaloide vor allem Protoveratrin A und B die einigen Glykoalkaloiden des Schwarzen Nachtschattens *(Solanum nigrum* L.) z. B. dem Solanidin und Tomatidin, sehr ähneln

1. Wurzelstock
2. Blühende Stengelspitze

† Mistel
Viscum album L.

Mistelgewächse
Loranthaceae

Der immergrüne Strauch ist ein Halbschmarotzer. Man findet ihn häufig auf Kiefern, aber auch auf anderen Nadelbäumen und auf Laubhölzern vom Tiefland bis ins Vorgebirge und vereinzelt auch in Mittelgebirgshöhen. Die Mistel kommt in Mittel- und Südengland, im Mittelmeergebiet, im Iran, im Himalaja, in Tibet, im nördlichen Teil Indiens, in China und Japan vor. In Eurasien besiedelt sie nicht zusammenhängende Areale.

Zu pharmazeutischen Zwecken werden im Herbst die belaubten Zweigchen *(Stipes et folium visci)* gesammelt. Das Sammelgut wird bei künstlicher Wärme bis 45 °C getrocknet. Die Droge hat einen schwach ranzigen Geruch und bitteren Geschmack. Sie wirkt blutdrucksenkend, herzstärkend und hat auch schwach harntreibende Eigenschaften. Versuche mit Mäusen haben hemmende Auswirkungen auf bösartige Geschwüre ergeben; bei Menschen konnte diese Eigenschaft der Droge jedoch bisher nicht nachgewiesen werden.

Die Droge wird innerlich in Form von Auszügen oder als Bestandteil von Fertigpräparaten bei hohem Blutdruck, Arterienverkalkung und nervösen Herzschmerzen verordnet. Einige Ärzte empfehlen die Verwendung von Mistelpräparaten bei Krebskranken, bei denen chirurgische Eingriffe nicht mehr vorgenommen werden können.

Die Droge wird ausschließlich wildwachsend gesammelt. Manchmal kommt es beim Sammeln zur Verwechslung mit der Europäischen Riemenblume *(Loranthus europaeus* L.) und damit zur Entwertung der Droge.

Inhaltsstoffe:
Der wichtigste Bestandteil der Droge ist das Viscotoxin
Außerdem enthält die Droge Cholin und Acetylcholin

1. Blühendes Zweigchen
2. Fruchtendes Zweigchen
3. Weibliche Blüten ♀
4. Männliche Blüten ♂

ALLGEMEINE GRUNDSÄTZE
DER DROGENGEWINNUNG

Man sammelt oder erntet immer nur bestimmte Pflanzenteile, d. h. ein oder mehrere Organe der Pflanze. Man unterscheidet aus unterirdischen und aus oberirdischen Organen gewonnene Drogen. Zu dem unterirdischen Sammelgut gehören die Wurzel *(radix)*, der Wurzelstock *(rhizoma)*, die Knolle *(tuber)* und die Zwiebel *(bulbus)* und zu den oberirdischen Pflanzenteilen das Blatt *(folium)*, das Kraut *(herba)*, die Blütte *(flos)*, die Frucht *(fructus)*, der Samen *(semen)* und die Rinde *(cortex)*.

Im Bildteil dieses Buches ist bei jeder Art das Sammelgut der einzelnen Pflanzen angegeben. Die ganze Pflanze sammelt man, wenn es sich um höhere Pflanzen handelt, nur ausnahmsweise, z. B. bei der Mistel *(Viscum album* L.). Bei den höheren Pflanzen sind die Wirkstoffe in größerem Maße meistens in einem oder mehreren Organen konzentriert.

Bei den niederen Pflanzen, bei denen die einzelnen Organe nicht ausgebildet sind, sammelt man das ganze Gewächs. Das gilt z. B. von dem Mutterkorn *(Claviceps purpurea/*Fr./Tul.).

Außer den erwähnten Organen werden auch einige Pflanzenprodukte, z. B. Balsame, Harze und Kautschuk gesammelt. Es handelt sich meistens um amorphe Substanzen, die einige Pflanzen bei Verletzungen absondern. In diesem Buch ist als eine Droge dieser Art das Opium angeführt. Es handelt sich um den getrockneten, von der angeritzten Kapsel des Schlafmohns *(Papaver somniferum* L.) ausgeschiedenen Milchsaft.

Der Zeitpunkt des Sammelns beeinflußt die Qualität der Droge. Es ist bekannt, daß sich die Wirkstoffmenge während des Lebensablaufes einer Pflanze ändert. Junge, keimende Pflanzen haben den geringsten Gehalt an Wirkstoffen. Während des Wachstums, besonders während der Blütezeit, nimmt der Wirkstoffgehalt meistens zu und sinkt nach dem Abblühen wieder. Es gibt jedoch zahlreiche Ausnahmen von dieser Regel. Im Bildteil wird daher bei jeder Art die günstigste Sammelzeit angegeben.

Das Sammeln

In den meisten Fällen gelten für das Sammeln der einzelnen Pflanzenorgane folgende Regeln:

Wurzeln einjähriger Pflanzen kommen für das Sammeln kaum in Betracht. Die Wurzeln zweijähriger Pflanzen werden im Herbst des ersten Vegetationsjahres oder im Vorfrühling des zweiten Jahres gesammelt. Zu derselben Jahreszeit sammelt man auch Wurzeln und Wurzelstöcke mehrjähriger Pflanzen, und zwar das Sammelgut langsam wachsender Pflanzen im zweiten, dritten, vierten oder in einem späteren Jahr. Das gilt für die meisten wildwachsenden Heilpflanzen.

Ganz anders verhält es sich bei den kultivierten Arzneipflanzen. Es wäre unwirtschaftlich, wenn man die angebauten Pflanzen nur wegen der Wurzelernte einige Jahre auf den Feldern wachsen ließe. Aus diesem Grund werden z. B. die Wurzeln der Schwarzen Tollkirsche *(Atropa bella-donna L.)* oder des Gemeinen Baldrians *(Valeriana officinalis L.)* schon nach einem Jahr geerntet, obwohl der Ertrag nicht so hoch ist wie bei mehrjährigen Kulturen. Die Wurzeln, die man von älteren Kulturen gewinnt, sind aber häufig schwammig und zerfallen leicht. Das kommt z. B. bei dem kultivierten Rhabarber *(Rheum palmatum L.)*, bei dem Gelben Enzian *(Gentiana lutea L.)* und der Tollkirsche *(Atropa bella-donna L.)* vor.

Knollen soll man zur Blütezeit sammeln. Typische Knollendrogen liefert die Herbstzeitlose *(Colchicum autumnale L.).*

Zwiebeln sammelt man nach dem Abblühen, am besten wenn die oberirdischen Pflanzenteile schon anfangen zu welken. Bekannte Pflanzen, deren Zwiebeln geerntet werden, sind die Küchenzwiebel *(Allium cepa L.)* und der Knoblauch *(Allium sativum L.).*

Blätter sammelt man nach und nach während der ganzen Vegetationsdauer. Bei einmaligem Sammeln erhält man meistens keine vollwertige Droge.

Das Kraut, d. h. alle oberirdischen Pflanzenteile, erntet man im allgemeinen kurz vor oder zu Beginn der Blüte. In voller Blüte stehende Pflanzen tragen schon Früchte. Dadurch wird der Wert der Krautdrogen wesentlich herabgesetzt. In letzter Zeit ersetzt man aus wirtschaftlichen und verarbeitungstechnischen Gründen vielfach die bisher benutzten Blattdrogen durch Krautdrogen. Das Kraut kann man in den meisten Fällen sehr viel leichter sammeln als die Blätter. Deshalb verwendet man heute anstelle der Blätter allgemein das Kraut der Zitronenmelisse *(Melissa officinalis L.)* und der Pfefferminze *(Mentha × piperita L.).*

Blüten und Blütenstände pflückt man zu Beginn der Blütezeit, noch vor ihrer vollständigen Entfaltung. Vollständig geöffnete Blüten oder in voller Blüte stehende Blütenstände sind als Drogen ungeeignet, da sie leicht zerfallen und von geringer Qualität sind.

Früchte und Samen werden in vollreifem Zustand gesammelt. Wenn man bei großflächigem Anbau Mähmaschinen einsetzt, soll man vor der Vollreife ernten, damit die Früchte oder Samen nicht schon auf dem Feld abbröckeln oder ausfallen. Vor dem Drusch werden die Früchte oder Samen meistens in Garben auf dem Feld nachgetrocknet.

Rinde wird entweder im Frühjahr, wenn die Bäume oder Sträucher ausschlagen, oder im Herbst nach dem Laubfall gesammelt.

Wurzeln und Wurzelstöcke werden ausgegraben. Im Großanbau werden sie mit landwirtschaftlichen Maschinen ausgepflügt. Vor dem Trocknen werden meistens von

Hand die Wurzelfasern und die Reste der oberirdischen Pflanzenteile entfernt. Nach dem Trocknen befreit man die Wurzeln durch Abklopfen von noch anhaftender Erde. Dicke Wurzeln werden nach gründlichem Waschen mit einem Messer längs gespalten oder mit besonderen Schneidemaschinen in kleine Teile zerschnitten und dann getrocknet. Ähnlich sammelt und reinigt man auch Wurzelstöcke und Knollen.

Zwiebeln werden dagegen nicht gewaschen; man befreit sie nur von den Faserwurzeln, schneidet oder reißt das trockene Kraut ab und entfernt die äußeren, verunreinigten und trockenen Schuppenblätter.

Blätter pflückt man einzeln oder schneidet den ganzen Stengel ab und streift dann die Blätter von den Stengeln. Gesammelt werden voll entwickelte, reine, nicht von Tau oder Regenwasser benetzte Blätter, die weder von Krankheiten befallen noch von Raupen oder Insekten beschädigt sein dürfen.

Das *Kraut* schneidet man einige Zentimeter oberhalb des Erdbodens ab. Von alten oder starkwüchsigen Pflanzen, bei denen die unteren Stengelteile verholzt sind, schneidet man nur die oberen Pflanzenteile ab.

Blüten sammelt man im allgemeinen mit der Hand. Nur die Blütenstände einiger Korbblütler, z. B. der Echten Kamille *(Matricaria chamomilla L.)*, werden mit sogenannten Kamillenkämmen geerntet. Kamillenkämme sind einfache, den Heidel- oder Preiselbeerkämmen ähnelnde Pflückgeräte. Besondere Blütenpflückapparate befinden sich erst im Entwicklungsstadium.

Früchte und *Samen* wildwachsender Pflanzen, z. B. die Früchte des Gemeinen Wacholders *(Juniperus communis L.)*, pflückt man mit der Hand. Im Arzneipflanzenanbau werden die Früchte zahlreicher Pflanzen, z. B. des Anises *(Anisum vulgare* Gaertn.*)*, des Fenchels *(Foeniculum vulgare* P. Mill.*)*, des Wiesenkümmels *(Carum carvi L.)*, des Korianders *(Coriandrum sativum L.)* und des Leins *(Linum usitatissimum L.)* mit gewöhnlichen Getreideerntemaschinen geerntet.

Rinde wird am ergiebigsten von drei- bis vierjährigen Zweigen geerntet. Ungeeignet sind einjährige Triebe oder alte, starke Zweige mit zersprungener Borke. Zunächst werden an den Zweigen Rundschnitte angebracht, die durch einen Längsschnitt verbunden werden. Dann wird die Rinde von dem Holz abgeklopft und mit der Hand abgeschält. Feuchte Rinde läßt sich leichter schälen als die trockene.

Das Sammel- oder Erntegut soll so schnell wie möglich in Trockenräume oder -anglagen eingebracht werden. Dabei muß man darauf achten, daß es nicht dumpfig und nicht zu stark gedrückt wird, denn dadurch können Veränderungen in der Zusammensetzung der Wirkstoffe hervorgerufen werden. Erst durch das Trocknen wird aus den Frischpflanzen oder ihren Teilen die Droge gewonnen, die als Ganzdroge oder nach dem Zerschneiden bzw. Zerstoßen als Schnitt- oder Pulverdroge aufbewahrt wird.

Das Trocknen

Das Trocknen ist ein wichtiger Prozeß bei der Drogenherstellung; dadurch gewinnt man aus den frischen Pflanzenteilen erst die Droge. Bei sachgemäßer Trocknung muß die Droge weitgehend ihre ursprüngliche Farbe behalten. Das ist ein sehr vereinfachter Wertmaßstab, aber er ist im allgemeinen richtig und zeigt meistens den Qualitätsgrad der Droge an. Außerdem ist die Trocknung die einfachste Art der Haltbarmachung; durch sie wird dem Pflanzenmaterial Wasser entzogen und dadurch seine Zersetzung verhindert. Das Trocknen erfolgt meistens auf Horden in gut durchlüfteten, trockenen Räumen. Die Trockenhorden bestehen aus einfachen Holzrahmen, die mit einem weitmaschigen Textil- oder rostfreiem Drahtgewebe bespannt sind. Bei größerem Ernteanfall muß das Trocknen in industriellen Trockenanlagen vorgenommen werden. Die Wahl der Trocknungsmethode und der Trockenanlage richtet sich nach der Art des Pflanzenmaterials. Das

Trocknen soll so schnell wie möglich vor sich gehen, und die zu trocknenden Pflanzenteile sollen nach Möglichkeit nicht bewegt werden. Bruch muß unter allen Umständen vermieden werden. Bei der Trocknung auf Horden wird das Sammelgut in dünner Schicht ausgebreitet. Langgestielte Kräuter können gebündelt und aufgehängt getrocknet werden. Wichtig ist vor allem, daß für gute Durchlüftung der Räume gesorgt wird.

Die *Trocknungsdauer* hängt vom Wassergehalt des Sammelguts und von der Trocknungstemperatur ab. Blüten und Blätter trocknen schneller als das ganze Kraut. Am langsamsten trocknen Wurzeln, Wurzelstöcke und Knollen. Die Droge ist dann richtig trocken, wenn sie leicht bricht. Bei der Blattdroge brechen die Spreiten, die Mittel- und auch die Seitenrippen und bei der Krautdroge die Blätter und die Stengel. Man sagt die Droge ist „brechtrocken", im Gegensatz zu „raschel-" oder „darrtrockenen" Drogen, die noch nachgetrocknet werden müssen.

Die *Temperatur beim Trocknen* ist für die Qualität der Droge von großer Bedeutung. Die beste erhält man in der Regel beim Trocknen im Schatten bei natürlicher Wärme. In kleineren Trockenanlagen mit geringer Trocknungsfläche wird das Pflanzenmaterial meistens bei relativ hohen Temperaturen getrocknet. In diesen Fällen muß ganz besonders darauf geachtet werden, daß der Wirkstoffgehalt nicht herabgesetzt wird, denn einige Wirkstoffe zersetzen oder verflüchtigen sich bei höheren Temperaturen. So darf z. B. bei Pflanzen, die ätherische Öle enthalten, die Temperatur 40 °C nicht übersteigen. Pflanzen, die herzwirksame Glykoside enthalten, dürfen nur bei einer Temperatur von höchstens 50 °C getrocknet werden. Die günstigsten, künstlichen Trocknungstemperaturen sind bei den einzelnen Pflanzen im Bildteil angeführt.

Von wirtschaftlicher Bedeutung sind die Angaben über das *Eintrocknungsverhältnis.* Es gibt das Verhältnis zwischen dem Gewicht einer bestimmten Menge frischen Sammelgutes zum Gewicht der nach der Trocknung erhaltenen Droge an. Das Eintrocknungsverhältnis ist je nach dem Charakter der Droge verschieden. Es hängt auch von dem Zustand des frischen Pflanzenmaterials ab. In trockenen Gegenden oder nach Trockenperioden geerntete oder gesammelte Heilpflanzen haben einen geringeren Wassergehalt und verlieren daher beim Trocknen auch weniger Wasser. Bei fleischigen Pflanzen ist dagegen das Trocknungsverhältnis (frisch : trocken) höher als bei weniger saftigen Gewächsen. Am geringsten ist das Eintrocknungsverhältnis bei Rinden. Bei der Eichenrinde *(Cortex quercus)* beträgt es z. B. nur 3 : 1; man erhält also von 3 kg frischer Rinde 1 kg Droge. Auch bei Wurzeln ist das Eintrocknungsverhältnis niedrig. Es beträgt (frisch : trocken) bei der Hauhechelwurzel *(Radix ononidis)* 3 : 1, bei der Baldrianwurzel *(Radix valerianae)* 4 : 1, bei der Alantwurzel *(Radix helenii)* ebenfalls 4 : 1 und bei der Tollkirschenwurzel *(Radix bella-donnae)* 5 : 1 .

Blätter und Kräuter trocknen in einem Verhältnis von 4 : 1 bis 6 : 1 und Blüten im allgemeinen in einem Verhältnis von 6 : 1 bis 8 : 1. Am höchsten ist das Eintrocknungsverhältnis bei saftigen Früchten. Es beträgt z. B. bei der Holunderfrucht *(Fructus sambuci)* 8 : 1 und bei der Heidelbeerfrucht *(Fructus myrtilli)* 10 : 1.

Das trockene Drogengut wird je nach der Menge und Art des Pflanzenmaterials in Papier- oder Gewebesäcken, in Kartons, Kisten oder freilagernd aufbewahrt und vor dem Versand verpackt. Drogen, die Feuchtigkeit anziehen, bewahrt man am besten in Plastikbeuteln auf.

Giftdrogen müssen unbedingt von anderen getrennt gelagert und deutlich gekennzeichnet werden, um jede Verwechslung auszuschließen.

Drogen sollen zu Hause, in Lagerräumen und in Apotheken trocken, im Dunkeln und bei einer Temperatur von etwa 18 °C aufbewahrt werden. Eine sorgfältige Verpackung ist wichtig, um nach Möglichkeit das Verwittern und die Verunreinigung der Drogen einzuschränken. Alle Drogen verlieren durch die Lagerung an Wirksamkeit. Im Durchschnitt sollten Drogen nicht älter als zwei Jahre sein.

DIE ZUBEREITUNG VON HEILMITTELN AUS PFLANZEN

Mit der Arzneibereitung aus Pflanzen, bzw. Drogen, befaßt sich ein besonderer Zweig der Pharmazie, die Galenik, benannt nach dem griechischen Arzt Claudius Galenos aus Pergamon (131–200 u. Z.), der die Drogen nach ihrer Anwendung und Wirkung beschrieb.

Zur Zubereitung von Heilmitteln aus Pflanzen werden auch heute noch Drogen, d. h. getrocknete Wurzeln, Kräuter, Blätter, Blüten und Früchte benutzt. Nur ausnahmsweise werden Arzneimittel aus frischen Pflanzen hergestellt. In der Pharmazie verwendet man jedoch nicht Ganzdrogen, sondern Schnitt- und Pulverdrogen. Zu diesem Zweck werden die im Anbau oder durch Sammeln gewonnenen Drogen entsprechend den Normierungsvorschriften aufbereitet, d. h. zerschnitten, zerstoßen oder gepulvert. Man unterscheidet sechs Zerkleinerungsstufen, die mit Hilfe mehr oder weniger engmaschiger Siebe bestimmt werden. Das für grob zerschnittene Drogen dienende Sieb Nr. I hat eine Maschenweite von 8 × 8 mm, und das Sieb Nr. II (für fein zerschnittene Drogen) eine Maschenweite von 3 × 3 mm. Das zum Abscheiden grob zerstoßener Drogen verwendete Sieb Nr. III hat 2 × 2 mm große Maschen. Die Siebe Nr. IV bis VI dienen zum Durchsieben von Pulverdrogen. Für das feinste Pulver, den sogenannten „pulvis subtilis", benutzt man das Sieb Nr. VI, das das engmaschigste Drahtgeflecht besitzt.

Das einfachste aus Drogen bereitete Heilmittel ist der Tee (Species). Über die Zubereitung heilkräftiger Tees berichtet das nächste Kapitel.

Eine weitere Form der Arzneizubereitung aus Pflanzen sind die *Extrakte*. Unter Extrakten versteht man wässerige oder alkoholische Auszüge aus Drogen, die eingedickt werden. Man unterscheidet leichtflüssige Extrakte *(extrac-*

ta fluida), dünne Extrakte *(extracta tenuia),* die ihrem Flüssigkeitsgrade nach dem frischen Honig gleichen und dicke Extrakte *(extracta sicca),* die sich nicht ausgießen lassen. Die Herstellung von Extrakten erfordert große Routine und spezielle Einrichtungen und Geräte; sie kann daher nur in der Apotheke vorgenommen werden.

Tinkturen sind meistens alkoholische Auszüge aus Drogen. Zu ihrer Herstellung wird die Droge mit verdünntem Alkohol übergossen und in einer gut verschlossenen Glasflasche unter wiederholtem Umschütteln acht bis zehn Tage aufbewahrt. Dann wird die Flüssigkeit abgeseiht und filtriert. Tinkturen sind neben Extrakten die gebräuchlichsten, in den Apotheken zubereiteten Arzneiformen. Ihre Herstellung ist verhältnismäßig einfach und kann daher auch vom Laien vorgenommen werden. Tinkturen werden vorwiegend als Tropfen bei Verdauungsstörungen und gegen Husten sowie zur äußeren Behandlung von Wunden und zum Gurgeln verwendet.

Zu den heute weniger gebräuchlichen Arzneiformen gehören aromatische Wasser und Sirupe.

Aromatische Wasser (aquae aromaticae) sind Lösungen ätherischer Öle in Wasser. Es gibt zwei Verfahren zu ihrer Herstellung: Aromatisches Wasser wird entweder durch Wasserdampfdestillation der Droge, die das betreffende ätherische Öl enthält, gewonnen oder man kann dem Wasser auch unter ständigem Schütteln das ätherische Öl beigeben. *Sirupe* sind mit Zucker eingedickte Drogenauszüge. Die Herstellung erfolgt in zwei Etappen. Zunächst wird aus der Droge der Auszug in Extrakt- oder Tinkturform bereitet, und dann wird der Auszug mit Zucker dick eingekocht. Sirupe werden vornehmlich bei Erkrankungen der oberen Atemwege und bei Husten verwendet.

Äußerlich (z. B. zu Umschlägen und Spülungen) benutzt man fast ausschließlich Auszüge, Aufgüsse oder Abkochungen.

Eine besondere Applikationsform sind *Kataplasmen (cataplasmata)* oder Breiumschläge. Aus der fein gepulverten Droge wird in Wasser oder Milch ein Brei gekocht, dem man Vitamin oder andere hautnährende Konzentrate zusetzen kann. Wenn dieser Brei bis zur Körpertemperatur oder mindestens bis zu 40 °C abgekühlt ist, wird er an der zu behandelnden Stelle auf die Haut gestrichen und man läßt ihn dort 20 bis 40 Minuten wirken. Bei Verwendung von Drogen, die ätherisches Öl enthalten, das sich beim Kochen verflüchtigen würde, wird der Brei mit lauem Wasser zubereitet.

Frische, nichtgetrocknete Pflanzen oder Pflanzenteile werden nur selten, meistens nur zu Umschlägen benutzt. Die Frischdroge wird zerrieben oder fein zerschnitten und direkt oder in einen dünnen Stoff eingeschlagen auf die Haut gelegt. Am häufigsten begegnet man dieser Verwendungsart in der Volksmedizin.

Innerlich wird der aus frischen Pflanzen gepreßte *Saft (succus)* verwendet. Die Säfte sind jedoch nicht haltbar und müssen daher immer frisch zubereitet werden. Um das schnelle Verderben der Säfte zu verhindern, werden ihnen fast immer Alkohol oder Branntwein zugesetzt oder sie werden mit Zucker gekocht.

Schließlich sei noch hervorgehoben, daß man bei der Arzneizubereitung peinlichst alle hygienischen Grundsätze einhalten muß.

DIE ZUBEREITUNG
HEILKRÄFTIGER TEES

Richtig zubereitete Tees enthalten eine optimale Menge von Wirkstoffen, die von der Dosierung der Droge und der Wassertemperatur abhängt. Eine große Drogenmenge ist keine Gewähr für einen besonders wirksamen Tee. Hinzu kommt noch, daß starker Tee häufig unerwünschte Nebenwirkungen hervorrufen kann. Aus diesem Grunde soll man die empfohlenen und in der Praxis erprobten Dosierungen nicht erhöhen. Für die Praxis gelten folgende Richtwerte: Ein Teelöffel entspricht etwa 1,5 bis 2 g und 1 Eßlöffel etwa 5 g Teemischung. Verwendet man zerkleinerte Drogen *(species)*, dann rechnet man auf einen Eßlöffel etwa 3 g Blüten, 4—5 g Blätter und 6—10 g Wurzeln, Hölzer oder Früchte. Eine Tasse Tee entspricht etwa 100 bis 150 ml. Für Bäder und Umschläge nimmt man jedoch größere Drogenmengen, im Durchschnitt 150—400 g, für Kinder die Hälfte. In den Apotheken werden die Drogen schon zerkleinert verkauft. Man unterscheidet grob zerschnittene Drogen für ein Sieb von etwa 5 mm Maschenweite; fein zerschnittene für ein Sieb von 3 mm Maschenweite und grob zerstoßene (2 mm) Drogen. Feiner verarbeitete (grob- und feinpulverisierte) Drogen kommen für die Teezubereitung praktisch nicht in Frage. Wenn man Drogen selbst zerkleinern will, empfiehlt es sich, sie in etwa 6 mm große Stückchen zu zerschneiden.

Je nach der Temperatur des Wassers unterscheidet man folgende Teezubereitungsarten:

1. Das mehrstündige Ausziehen der Wirkstoffe aus der Droge bei Zimmertemperatur (15—20 °C). Man nennt diese Zubereitungsform *Kaltwasserauszug* oder *Mazeration*. Diese Art der Zubereitung eignet sich für alle Pflanzen, deren Wirkstoffe sich leicht durch Wasser

ausziehen lassen oder sich durch heißes Wasser zersetzen.

2. Das ebenfalls mehrstündige Ausziehen mit 30—40 °C warmem Wasser heißt *Digestion*. Dieses Verfahren empfiehlt sich hauptsächlich zum Ausziehen von Wirkstoffen aus Rinden oder Holzdrogen, die hart sind und daher von kaltem Wasser nur schwer durchsetzt werden.

3. Von *Abkochung (decoctum)* spricht man, wenn man die Droge zehn Minuten lang in Wasser kochen läßt oder sie mit siedendem Wasser übergießt und sie 30 Minuten lang unter wiederholtem Umrühren im Wasserbad erhitzt.

4. Die häufigste Zubereitungsart von Kräutertees ist der *Aufguß (infusum)*. Zunächst wird die Droge mit kaltem Wasser in einem Gefäß leicht durchfeuchtet und dann mit siedendem Wasser übergossen. Man läßt den Tee etwa eine Viertelstunde ziehen und seiht ihn dann ab.

Kräutertees zu Heilzwecken genießt man, wenn nichts anderes empfohlen wird, meistens warm, ungezuckert und schluckweise, je nach der Krankheit und der Art des Tees ein oder mehrmals täglich. Die Dosierung und Zubereitungsart der verschiedenen Tees sind in der Tabelle im Anhang und in der Beschreibung der einzelnen Drogen angeführt.

ÜBERSICHT DER HEILPFLANZEN

* = Gesetzlich geschützt

Pflanzenname	Verwendete Pflanzenteile	Sammelzeit	Trocknung
Achillea millefolium	blühendes Kraut oder Blütenstände	VI — IX	in Bündeln oder in dünner Schicht bei einer Temperatur bis zu 40°C
* Aconitum napellus **Giftdroge**	junge Knollen nach dem Abblühen der Pflanze	VIII — IX	am besten bei künstlicher Wärme bis 40°C
Acorus calamus	Wurzelstöcke	IX — X	bei natürlicher Wärme oder in Trockenanlagen bei einer Temperatur bis 40°C
* Adonis vernalis **Giftdroge**	blühendes Kraut	IV — V	bei natürlicher Wärme oder bei künstlicher Wärme bis zu 50°C
Aesculus hippocastanum	Samen Blätter Blüten Rinde	IX — X V — VI IV — V IV — V	bei natürlicher Wärme oder bei künstlicher Wärme bis zu 60°C
Agrimonia eupatoria	blühendes Kraut	VI — VIII	bei natürlicher Wärme oder bei künstlicher Wärme bis zu 45°C
Allium sativum	Zwiebeln	VII — VIII	in Bündeln bei natürlicher Wärme
* Althaea officinalis	Wurzeln	IX — X	bei künstlicher Wärme bis 40°C
	junge, gesunde Blätter	V — VI	bei natürlicher Wärme oder künstlicher bis 40°C
Archangelica officinalis	Wurzeln	III — IV im 2. Jahr	bei künstlicher Wärme bis 40°C
	Früchte	VIII — IX	bei natürlicher Wärme
	Blätter	V — VII	s. o.

UND IHRER ANWENDUNG

Trocknungs-verhältnis	Zubereitung	Dosierung
4:1 bis 5:1	Tee — Aufguß	1—3 g 1—2mal täglich
4:1	— — —	— — —
5:1	Tee — Abkochung oder als Pulverdroge	1—3 g 3mal täglich
6:1	— — —	— — —
4:1 5:1 6:1 3:1	Tee — Aufguß Tee — Aufguß Tee — Aufguß Tee — Abkochung	2—3 g 3mal täglich
4—5:1	Tee — Aufguß (innerlich) Abkochung (zum Gurgeln und für Umschläge)	3 g 3mal täglich 10 g auf ½ Liter Wasser
— — —	in rohem Zustand Tee — Aufguß (innerlich); Kaltwasserauszug zu Darmspülungen (Klysma)	3 Zehen 2—3mal täglich 3—6 g 1mal täglich
3:1 bis 4:1 5:1	Kaltwasserauszug auch als Sirup	3 g 3—5mal täglich Säuglinge 0,5 g 3mal täglich
4:1 1,5:1 5:1	Tee — kalt ansetzen und dann abkochen wie Wurzeln Tee — Aufguß	2—2,5 g auf 150 g Wasser; einigemal täglich 1 g auf 150 g Wasser; einigemal täglich 1,5—2 g 3—5mal täglich

Pflanzenname	Verwendete Pflanzenteile	Sammelzeit	Trocknung
Arctium lappa	Wurzeln	III – IV oder IX – X	bei künstlicher Wärme bis zu 50°C
* Arctostaphylos uva-ursi	Blätter	V – IX	bei natürlicher Wärme
* Arnica montana	Blütenköpfe (vor dem vollständigen Aufblühen) Zungen- und Röhrenblüten ohne Blütenboden	VI – VII	bei natürlicher Wärme
Atropa bella-donna **Giftdroge**	Wurzeln	IX – X im 2. Jahr	bei künstlicher Wärme bis zu 70°C
	seltener Blätter oder Kraut	VI – VIII	bei künstlicher Wärme bis zu 40°C
Betula verrucosa	junge Frühjahrsblätter	V – VI	bei natürlicher Wärme oder bei künstlicher bis zu 45°C
Capsella bursa-pastoris	blühendes, nicht von Schimmel befallenes Kraut	V – VIII	bei natürlicher Wärme
Carum carvi	Früchte	VII	bei natürlicher Wärme
* Centaurium minus	blühendes Kraut	VII – VIII	bei natürlicher Wärme oder bei künstlicher Wärme bis zu 45°C
* Cetraria islandica	ganzer Flechtenkörper	VI – X	bei einer Temperatur bis zu 45°C
Chelidonium majus **Giftdroge**	Kraut (vor der Blüte) Wurzelstöcke	IV – XI III und IX – X	schnelles Trocknen bei künstlicher Wärme bis zu 80°C
Claviceps purpurea **Giftdroge**	Sklerotia (Mutterkorn)	VII	bei natürlicher Wärme
Cnicus benedictus	blühendes Kraut	VI – VII	bei natürlicher Wärme oder künstlich bei einer Temperatur bis zu 45°C
Colchicum autumnale **Giftdroge**	Samen Knollen	V – VI IV – V IX – X	bei natürlicher Wärme und künstlich bis zu 45°C

Trocknungs-verhältnis	Zubereitung	Dosierung
5:1	Tee — Abkochung für Bäder (Abkochung)	2—3 g 1—2mal täglich 50 g auf 1 Liter Wasser
3:1	Tee — Abkochung	1—2 g 3—5mal täglich
4:1	Tee — Aufguß	0,3—1 g 1—2mal täglich
5:1	Aufguß — äußerlich für Bäder	10 g auf 1 Liter Wasser
5:1 6:1	— — —	— — —
4:1	Tee — Aufguß oder Abkochung	3—7 g 3mal täglich
4:1	Tee — Aufguß	2—3 g 2—4mal täglich
1,5:1	Tee — Aufguß	0,5—3 g 3—5mal täglich
3:1 4:1	Tee — Aufguß Tee — Abkochung	1—2 g 3—5mal täglich
3:1	Tee — Abkochung Tee — Aufguß	5 g 3—5mal täglich
5:1	— — —	— — —
1,5:1	— — —	— — —
4:1 5:1	Tee — Aufguß	0,5—2,5 g 2mal täglich
1,5:1 4:1	— — —	— — —

Pflanzenname	Verwendete Pflanzenteile	Sammelzeit	Trocknung
Convallaria majalis **Giftdroge**	Blätter	V–VI	bei natürlicher Wärme oder bei künstlicher bis zu 50°C
Crataegus oxyacantha	Blüten	IV–V	bei natürlicher Wärme
	Blätter	VI–IX	bei natürlicher Wärme
	Früchte	IX–X	künstlich nachtrocknen (Temperatur bis zu 50°C)
Datura stramonium **Giftdroge**	Blätter Samen	VI–VIII VIII–IX	bei natürlicher Wärme oder bei künstlicher Wärme bis zu 50°C
Digitalis lanata **Giftdroge**	Blätter im ersten Jahr	IX–X	bei künstlicher Wärme bis zu 50°C
* Drosera rotundifolia	blühendes Kraut	VI–VIII	ausschließlich bei natürlicher Wärme
Equisetum arvense	Sommersprosse	VII–IX	bei natürlicher Wärme oder künstlicher bis zu 45°C
Euphrasia officinalis	blühendes Kraut	IX–X	bei natürlicher Wärme
* Gentiana lutea	Wurzelstöcke mit Wurzeln	IX–X	bei künstlicher Wärme bis zu 50°C
Hyoscyamus niger **Giftdroge**	Blätter	VII–VIII	bei natürlicher Wärme oder bei künstlicher bis zu 45°C
Hypericum perforatum	blühendes Kraut ohne Früchte	VII–VIII	in Bündeln bei natürlicher Wärme oder bei künstlicher bis zu 40°C
Hyssopus officinalis	blühendes Kraut	VII–IX	bei natürlicher Wärme oder bei künstlicher bis zu 40°C
Inula helenium	Wurzelstöcke	VIII–X	bei künstlicher Wärme bis zu 45°C
Juniperus communis	Früchte	IX–X	bei natürlicher Wärme
Lamium album	Blüten	VI–IX	schnelles Trocknen bei künstlicher Wärme bis zu 40°C

Trocknungs-verhältnis	Zubereitung	Dosierung
6:1	— — —	— — —
6:1		
5:1	Tee — Aufguß	2—3 g 3mal täglich
5:1—6:1		
5:1—7:1 1,5:1	— — —	— — —
4:1	— — —	— — —
6:1	Tee — Aufguß	0,5—3 g 3mal täglich
4:1	Tee — Abkochung	5—10 g 3mal täglich
4:1 bis 5:1	Tee — Aufguß für Bäder	1—3 g 3mal täglich 20 g auf 1 Liter Wasser
5:1	Tee — Kaltwasserauszug Tee — Abkochung	0,5—2 g 3mal täglich
5:1	— — —	— — —
4:1	Tee — Abkochung	3—5 g 3mal täglich
3:1 bis 4:1	Tee — Aufguß	2—3 g 3mal täglich
3:1	Tee — Abkochung	3—5 g 3mal täglich
3:1	Tee — Aufguß	1—3 g 3—4mal täglich
8:1	Tee — Aufguß	2 g 1—2mal täglich

Pflanzenname	Verwendete Pflanzenteile	Sammelzeit	Trocknung
Lavandula angustifolia	Blüten	VII—VIII	bei natürlicher Wärme oder bei künstlicher bis zu 40°C
Linum usitatissimum	unzerkleinerte Samen	VIII—IX	bei natürlicher Wärme
Malva silvestris	gesunde Blätter Blüten ohne Stengel	VI—IX	bei natürlicher Wärme oder bei künstlicher bis zu 40°C
Marrubium vulgare	blühendes Kraut	VI—VIII	bei natürlicher Wärme oder bei künstlicher bis zu 40°C
Matricaria chamomilla	Blütenköpfchen	VI—VIII	bei natürlicher Wärme oder bei künstlicher bis zu 40°C
Melissa officinalis	Blätter Kraut vor der Blüte	VI—VIII VI—VII	bei natürlicher Wärme oder bei künstlicher bis zu 40°C
Mentha × piperita	gesunde Blätter nichtblühendes Kraut	VI—IX	bei natürlicher Wärme oder bei künstlicher bis zu 40°C
*Menyanthes trifoliata	Blätter	V—VII	bei natürlicher Wärme oder bei künstlicher bis zu 50°C
Ononis spinosa	Wurzeln	IX—X	bei künstlicher Wärme bis zu 45°C
Origanum vulgare	blühendes Kraut	VII—VIII	bei natürlicher Wärme oder bei künstlicher bis zu 45°C
Papaver somniferum	leere Mohnkapseln nach der Samenernte	— — —	— — —
Plantago lanceolata	Blätter	VII—IX	bei künstlicher Wärme bis zu 50°C
Primula veris	Wurzeln	III—V	bei künstlicher Wärme bis zu 45°C
	Blüten mit Kelch		bei natürlicher Wärme
Quercus robur	junge, bis 3 mm dicke Rinde	III—IV	meist an der Sonne oder bei künstlicher Wärme bis zu 50°C

Trocknungs-verhältnis	Zubereitung	Dosierung
7:1	Tee — Aufguß	1 g 3mal täglich
1,5:1	Tee — Kaltwasserauszug Tee — kalt angesetzte Abkochung	5—10 g 3mal täglich
5:1 6:1	Tee — Aufguß	2—5 g 3mal täglich 0,5—2 g 3mal täglich
4:1	Tee — Aufguß	1—5 g 3mal täglich
5:1—6:1	Tee — Aufguß für Bäder	1—5 g bis 8mal täglich 15 g auf 1 Liter Wasser
5:1	Tee — Aufguß	0,5—2 g 1—2mal täglich
5:1	Tee — Aufguß	1—3 g 3mal täglich mit mehrtägigen Unterbrechungen
6:1	Tee — Aufguß	1—5 g 3mal täglich
3:1	Tee — Abkochung	3—5 g 3mal täglich mit mehrtägigen Unterbrechungen
4:1	Tee — Aufguß	1—2 g 3mal täglich
— — —	— — —	— — —
5:1	Tee — Aufguß Tee — Abkochung	3—5 g 2—3mal täglich
4:1—5:1	Tee — Abkochung	1—2 g 3mal täglich
6:1	Tee — Aufguß	0,5—1 g 3mal täglich
3:1	Tee — Abkochung für Bäder	1—3 g 3mal täglich 20 g auf 1 Liter Wasser

Pflanzenname	Verwendete Pflanzenteile	Sammelzeit	Trocknung
Rheum palmatum	Wurelstöcke zwei- bis drei- jähriger Pflanzen	IX—X	bei natürlicher Wär- me oder bei künstli- cher bis zu 50°C
Rosmarinus officinalis	Blätter	VI—VIII	bei natürlicher Wär- me oder bei künstli- cher bis zu 40°C
Salvia officinalis	Blätter	V—VI	möglichst schnell bei künstlicher Wär- me bis zu 40°C
Sambucus nigra	Blüten	V—VI	bei natürlicher Wär- me
	Früchte	VIII—IX	bei künstlicher Wär- me bis zu 45°C
Thymus pulegioides	Kraut vor der Blüte	VII—VIII	bei natürlicher Wär- me oder künstlicher bis zu 40°C
Thymus vulgaris	s. o.	s. o.	s. o.
Tilia cordata	Blüten	VI—VII	bei natürlicher Wär- me oder künstlicher bis zu 40°C
Tussilago farfara	Blüten Blätter	III—IV V—VII	bei natürlicher Wär- me oder bei künstli- cher bis zu 45°C
Vaccinium myrtillus	Früchte	VII—VIII	bei künstlicher Wär- me bis zu 45°C
	Blätter Kraut	V—VI V—IX	bei natürlicher Wär- me oder künstlicher is zu 45°C
Valeriana officinalis	Wurzeln	VIII—X	bei künstlicher Wär- me bis zu 45°C
Veratrum album **Giftdroge**	Wurzelstöcke	IX—X	bei künstlicher Wär- me bis zu 45°C
Verbascum thapsiforme	Blüten	VII—IX	bei natürlicher Wär- me an der Sonne oder bei künstlicher bis zu 40°C
Viola odorata	Wurzelstöcke	IX—X	bei natürlicher Wär- me oder bei künstli- cher Wärme bis zu 45°C
Viscum album **Giftdroge**	junge, belaubte Zweigchen	XII—II	bei künstlicher Wär- me bis zu 45°C

Trocknungs-verhältnis	Zubereitung	Dosierung
4:1 — 5:1	Tee — Abkochung oder als Pulverdroge	0,1 — 0,3 g 3mal täglich 2 — 3 g als Abführmittel
4:1	Tee — Aufguß	2 — 3 g 1 — 2mal täglich
4:1	Tee — Aufguß für Bäder	1 — 3 g 1 — 2mal täglich 15 g auf 1 Liter Wasser
6,5:1 8:1	Tee — Aufguß	2 — 6 g 3 — 5mal täglich 2 g 2mal täglich
4:1	Tee — Aufguß	2 g 3 — 5mal täglich
s. o.	s. o.	s. o.
5:1	Tee — Aufguß	2 — 4 g 3 — 5mal täglich
5:1 6:1	Tee — Aufguß	1,5 g 3mal täglich 2 — 4 g 3mal täglich
10:1	Tee — Abkochung	2 g 3mal täglich
5:1 5:1	Tee — Aufguß s. o.	1 — 3 g 3mal täglich s. o.
4:1	Tee — Kaltwasserauszug	0,5 — 3 g 3mal täglich
4:1	— — —	— — —
8:1	Tee — Aufguß	3 — 8 g 3mal täglich
4:1	Tee — Aufguß	0,5 — 1 g 3mal täglich
3:1	— — —	— — —

FACHWORTERKLÄRUNGEN

adstringierend: zusammenziehend; die Blutgefäße örtlich verengend; Ausscheidungen herabsetzend

akut: plötzlich auftretend, heftig verlaufend

Allergie: Überempfindlichkeit des Organismus gegen bestimmte körperfremde Stoffe, manchmal auch gegen Medikamente

Allopathie: allgemein gebräuchliches, mit gegensätzlichen Mitteln behandelndes Heilverfahren, z. B. die Verabreichung von stopfenden Mitteln gegen Durchfall und von Abführmitteln gegen Verstopfung

Amara: Bittermittel; Bitterstoffe enthaltende Medikamente zur Appetitanregung und gegen Verdauungsstörungen

Anästhesie: Schmerzbetäubung; Schmerzausschaltung

Anästhetikum: Schmerzempfindlichkeit beseitigendes Arzneimittel

Antibiotika: von Kleinlebewesen (Schimmelpilzen, Bakterien) ausgeschiedene Stoffe, die das Wachstum von Krankheitserregern hemmen. Das erste medizinisch verwendete Antibiotikum, das Penizillin, wurde in den Jahren 1929−1932 von dem englischen Forscher A. Fleming entdeckt

antiseptisch: Krankheits- und Fäulniserreger abtötend

Aperitiva: appetitsteigernde Mittel

aromatisch: wohlriechend, die Geruchs- und Geschmacksnerven reizend

Arrhythmie: unregelmäßige Herztätigkeit

Arzneibuch: amtliches Verzeichnis der Arzneimittel und der zu ihrer Herstellung erforderlichen Stoffe, die in der vorgeschriebenen Qualität in jeder Apotheke zur Verfügung stehen müssen. Die meisten Staaten haben ihre eigenen Arzneibücher, die sich oft wesentlich voneinander unterscheiden und meist den Stand und die Möglichkeiten der Therapie in dem betreffenden Land widerspiegeln.

Asthma: durch Bronchialkrämpfe verursachte, anfallweise auftretende Atembeschwerden als Folge von Veranlagung oder Überempfindlichkeit gegen Reize von außen

Bronchitis: Entzündung der Bronchien (Luftröhrenäste)

Bronchopneumonie: herdförmige Lungenentzündung

Cardiotonica: siehe Kardiotonika

Carminativa: blähungstreibende Mittel

Chemotherapie: Heilbehandlung mit chemischen Reinsubstanzen zum Unterschied von der Phytotherapie d. h., der Behandlung von Krankheiten mit Pflanzenteilen oder pflanzlichen Wirkstoffen

Degeneration: Entartung, Rückbildung oder verkümmerte Ausbildung eines Organs

Dermatologie: Lehre von der Haut und den Hautkrankheiten

Dermatomykose: Pilzflechte (durch Fadenpilze hervorgerufene Hautkrankheit)

Dermatose: Hautkrankheit im allgemeinen

desinfizierend: Krankheitserreger vernichtend

Destillation: Verdampfung von Flüssigkeiten zum Zweck der Reinigung und Wiederverflüssigung der Dämpfe

Diagnose: Erkennung, in der Medizin: Feststellung einer Krankheit

Diätetika: für eine gesunde Lebensweise geeignete, leicht verdauliche, die Körperfunktion anregende Lebensmittel. Diätetika sind keine Arzneimittel. Alkoholische Getränke werden nicht zu den Diätetika gezählt

Drogen: durch Trocknung konservierte Rohstoffe pflanzlichen, manchmal auch tierischen Ursprungs, aus denen Arzneimittel hergestellt oder Wirkstoffe isoliert werden

Ekzeme: nicht ansteckende, stark juckende, nässende, oft schlecht heilende Hautausschläge

Enzyme oder **Fermente:** kompliziert aufgebaute organische Stoffe, die die chemischen Vorgänge in den Zellen beschleunigen

Essenz: unverdünnte, konzentrierte Lösung ätherischer Öle

Expektorans: auswurfförderndes, schleimlösendes Mittel

Expektoration: Auswurf

Fermente: siehe Enzyme

glatte Muskulatur: die Muskeln der inneren Organe, die sich nicht willkürlich bewegen lassen und von einem selbständigen Nervensystem gesteuert werden

Hämolyse: Auflösung der roten Blutkörperchen unter dem Einfluß verschiedener Blutgifte. Von pflanzlichen Stoffen bewirken z. B. die Saponine Hämolyse

Hämorrhoiden: Erkrankung des unteren Mastdarms, verursacht durch Venenerweiterung und Knotenbildung

Homöopathie: von S. Hahnemann eingeführtes Heilverfahren, das die Bildung von Abwehrstoffen im Körper mit Arzneimitteln anregt, die in größeren Dosen bei Gesunden eine ähnliche Krankheit hervorrufen. Das Leitmotiv der Homöopathie lautet: „Ähnliches wird durch Ähnliches geheilt"

Hormone: körpereigene, von gewissen Drüsen oder Gewebeteilen ausgeschiedene und vom Blut beförderte Wirkstoffe, die bestimmte Lebensvorgänge steuern. Hormone werden entweder aus den Drüsen von Tieren oder synthetisch gewonnen und zur Behandlung von Erkrankungen verwendet, die durch Mängel des eigenen Hormonalsystems verursacht werden

Hypertension: hoher Blutdruck

Hypotension: niedriger Blutdruck

intramuskulär: innerhalb des Muskels; in den Muskel hinein

intravenös: in einer Vene gelegen; in eine Vene hinein

Kardiologie: Lehre vom Herzen und Kreisumlauf und ihren Erkrankungen

Kardiotonika: herzstärkende Mittel (z. B. die Digitalglykoside). Kardiostimulantia dagegen wirken lediglich vorübergehend anregend (z. B. Kaffee oder Tee)

kardiotonisch: herzstärkend

Karminativa: siehe Carminativa

Kolik: krampfartiger Schmerzanfall im Darm oder in den Bauchorganen (Darm-, Magen-, Nieren- oder Gallenkolik)

Kontraindikation: Umstand, der es verbietet, ein sonst zweckmäßiges Medikament oder eine andere Substanz, einschließlich von Nahrungsmitteln, zu verabreichen

Korrigens: Zusatz, der den Geschmack, die Farbe und das Aussehen von Arzneimitteln verbessert

Krätze: leicht übertragbare Hautkrankheit, hervorgerufen durch die in der menschlichen Haut schmarotzende Krätzmilbe *(Sarcoptes ,Acarus, scabiei)*

Leukämie: Weißblütigkeit, krankhafte Vermehrung der weißen Blutkörperchen

Metabolismus: Stoffwechsel, eine der wesentlichen Funktionen der lebenden Materie

Migräne: heftiger, einseitiger und anfallweise auftretender Kopfschmerz, meist verbunden mit vorübergehenden Sehstörungen und Erbrechen

narkotisch: betäubend, schmerzbetäubend

185

Nervensystem *(systema nervorum):* Das Nervensystem besteht aus dem Zentralnervensystem, dem peripheren Nervensystem und vegetativen Nervensystem

Neuralgie: anfallweise auftretender, starker Nervenschmerz

Ödem: Gewebswassersucht; Schwellung, die durch krankhafte Flüssigkeitsansammlung in Gewebelücken verursacht wird

offizinell: als Heilmittel anerkannt; in das Arzneibuch aufgenommenes Arzneimittel

Parfüme: Duftstoffe

Parkinsonsche Krankheit: Schüttellähmung; Degeneration bestimmter Gehirnteile, gekennzeichnet durch Zittern und Starre der Körpermuskulatur

pathogen: krankheitserregend

Peristaltik: rhythmische Eigenbewegung des Darms, mit Hilfe deren die verdauten Speisen durch den Darmtrakt zum After geleitet werden

peroral: durch den Mund verabfolgt

Pharmakologie: Lehre von den Arzneimitteln und ihrer Wirkung

Photodermatosen *(Lichtdermatosen):* durch die Einwirkung von Lichtstrahlen hervorgerufene Hautkrankheiten, die häufig nach dem Genuß bestimmter Stoffe mit lichtsensibler Wirkung (d. h. Stoffe, die den Körper gegen Licht empfindlich machen) auftreten

physiologische Wirkung: ist die Wirkung von Heilmitteln, die der natürlichen Funktion des Organismus entspricht, im Unterschied zu der nichtphysiologischen Wirkung, die den Organismus schädigt

Phytonzide: in höheren Pflanzen enthaltene, chemisch meistens wenig erforschte Stoffe, zum Großteil ätherische Öle, die das Wachstum von Krankheitserregern hemmen. Im Unterschied zu den ähnlich wirkenden Antibiotika (s. S. 184) sind die Phytonzide Produkte höherer Pflanzen (Leitbündelpflanzen). Sie wurden von B. P. Tokin im Jahre 1949 entdeckt und benannt

Polysaccharide: Kohlenhydrate, deren Großmoleküle aus zahlreichen Molekülen einfacher Zucker aufgebaut sind

Rauschgifte: Ihre Verwendung darf nur auf ärztliche Verordnung erfolgen. Längere Anwendung führt leicht zur Sucht. Der Genuß von Rauschgiften, zu denen u. a. Opium, Morphium, Kokain und Haschisch sowie deren Zubereitungen gehören, ist in allen Ländern untersagt

Rheumatismus: Muskel- oder Gelenkreißen

Sklerose: Ablagerung von Mineralstoffen, besonders von Kalk in den Geweben, vor allem an den Zellwänden der Arterien, wodurch diese ihre Elastizität verlieren und brüchig werden

Therapie: Heilbehandlung

Toxikologie: Lehre von den Giften und ihren Wirkungen auf den lebenden Organismus

Unterstützungsmittel: Medikamente, die die Heilkraft des Hauptmedikaments bei der Behandlung einer bestimmten Krankheit verstärken. So ist z. B. Lindenblütentee bei Erkältungen ein Unterstützungsmittel des Aspirins

Urologie: Lehre von den Harnorganen und ihren Krankheiten

Varix (Mehrzahl: **Varizen**): Krampfadern

vegetative Neurose: zusammenfassende Bezeichnung für alle durch Erkrankungen des vegetativen Nervensystems bedingten Erscheinungen

vegetatives Nervensystem: jener Teil des Nervensystems, der die nicht vom Willen abhängigen Lebensfunktionen regelt und leitet

zytostatisch: Stillstand in der Zellteilung bewirkend (häufig auch bei bösartigen Wucherungen)

REGISTER
DER DEUTSCHEN PFLANZENNAMEN

Die mit †bezeichneten Pflanzen sind giftig!
Die mit ✻ bezeichneten sind gesetzlich geschützt!

Ackerschachtelhalm   74
Alant, Echter   84
Andorn, Echter   94
Arznei-Thymian   120
Augentrost, Gemeiner   76

Baldrian, Echter   128
✻ Bärentraube, Echte   60
Benediktenkraut   70
✻ Berg-Wohlverleih   58
† Bilsenkraut, Schwarzes   152

Dost, Gemeiner   106

✻ Eibisch, Echter   52
✻ † Eisenhut, Blauer   134
Engelwurz   54
✻ Enzian, Gelber   78

✻ Fieberklee   100
† Fingerhut, Wolliger   150
Flachs   90
✻ † Frühlings-
    Adonisröschen   136
Frühlings-Schlüsselblume   112

† Germer, Weißer   154

† Hahnenpilz, Purpurroter   142
Hänge-Birke   32
Hauhechel, Dornige   104
Heidelbeere   126
† Herbstzeitlose   144
Hirtentäschel, Gemeines   60
Holunder, Schwarzer   40
Hauflattich, Gemeiner   124

Kalmus, Echter   46

Kamille, Echte   96
Klette, Große   56
Knoblauch   50
Königskerze,
    Großblumige   130
Kümmel   64

Lavendel, Echter   88

† Maiglöckchen   146
† Mistel   156
✻ Moos, Isländisches   68
† Mutterkorn   142

Odermennig   48

Pfefferminze   102

Quendel   120

Rhabarber, Palmblättriger   114
Rosmarin   116
Roßkastanie   30

Saatlein   90
Salbei, Echter   118
Schafgarbe, Gemeine   44
Schlafmohn   108
† Schöllkraut, Großes   140
✻ Sonnentau,
    Rundblättriger   72
Spitzwegerich   110
† Stechapfel, Gemeiner   148
Stieleiche   38

Taubnessel, Weiße   86
✻ Tausendgüldenkraut,
    Echtes   66

Thymian, Arzeni- 122
† Tollkirsche, Schwarze 138
Tüpfel-Jihanniskraut 80

Veilchen, Wohlriechendes 132

Wacholder, Gemeiner 36

Weißdorn, Zweigriffeliger 34
Wildmalve, Mauretanische 92
Winterlinde 42

Ysop, Echter 82

Zitronenmelisse 98

REGISTER
DER LATEINISCHEN PFLANZENNAMEN

Die mit †bezeichneten Pflanzen sind giftig!
Die mit ❋ bezeichneten sind gesetzlich geschützt!

Achilea millefolium 44
❋† Aconitum napellus 134
Acorus calamus 46
❋† Adonis vernalis 136
Aesculus hippocastanum 30
Agrimonia eupatoria 48
Allium sativum 50
❋† Althaea officinalis 52
Archangelica officinalis 54
Arctizum lappa 56
❋ Arctostaphylos uva-ursi 60
❋ Arnica montana 58
† Atropa bella donna 138

Betula pendula 32
Betula verrucosa 32

Capsella bursa-pastoris 62
Carum carvi 64
Centaurium minus 66
❋ Centaurium umbellatum 66
❋ Cetraria islandica 68
† Chelidonium majus 140
† Claviceps purpurea 142
Cnicus benedictus 70
† Colchicum autumnale 144

† Convallaria majalis 146
Crataegus oxyacantha 34

† Datura stramonium 148
† Digitalis lanata 150
❋ Drosera rotundifolia 72

Equisetum arvense 74
❋ Erythraea centaurium 66
Euphrasia officinalis 76

❋ Gentiana lutea 78

† Hyoscyamus niger 152
Hypericum perforatum 80
Hyssopus officinalis 82

Inula helenium 84

Juniperus communis 36

Lamium album 86
Lavandula angustifolia 88
Linum usitatissimum 90

Malva silvestris 92

190

Marrubium vulgare   94
Matricaria chamomilla   96
Matricaria recutita   96
Melissa officinalis   98
Mentha piperita   102
* Menyanthes trifoliata   100

Ononis spinosa   104
Origanum vulgare   106

Papever somniferum   108
Plantago lanceolata   110
Primula veris   112

Quercus robur   38

Rheum palmatum   114

Rosmarinus officinalis   116

Salvia officinalis   118
Sambucus nigra   40

Thymus pulegioides   120
Thymus vulgaris   122
Tilia cordata   42
Tussilago farfara   124

Vaccinium myrtillus   126
Valeriana officinalis   128
† Veratrum album   154
Verbascum thapsiforme   130
Viola odorata   132
† Viscum album   156